U0940491

我是学习王

刺激和反应，生殖和发育

〔韩〕善友教育出版社编辑部/著绘　洪梅/译

让8—14岁的孩子爱观察爱实验
提前爱上生物课！

我是生物王 3

小读者们请注意

亲爱的同学们，这是一本帮助你迈入生物世界，辅导你进行生物学习的课外书。当你阅读这本书时，你可以在教材上找到相对应的生物知识。或许，你对变幻多端的生物实验特别感兴趣，想在家也尝试着做实验，当一回生物学家。在这里，我要严肃地告诉你，这么做是特别危险的，千万不能随便在家做实验。因为在生物实验的过程中，会发生很多突发情况，例如试剂挥发有毒物质，被实验器具划伤身体，这些都是危及生命的。如果不是在专业的环境里、采用专业的实验器具就做实验是非常危险的，同学们一定不能这样做。如果你想深入地观察生物体的特征，亲自动手实验就一定要在老师的指导下，在专业的实验室里进行。

目录

我是生物王 ③

V. 刺激和反应

VI. 生殖和发育

V.刺激和反应

啧啧……你的运动神经也真是够烂的……

啊，多茵姐姐，你怎么在这里？

你上课时间竟敢在这里偷懒。
哎呀。

快跟我进来。
啊……不行啦。我要学骑自行车。

干吗？因为要和尤美一起去远足吗？
僵硬

等……等一下。难道你偷看了我的日记？

有什么可偷看的？你自己把它摊开放在书桌上了呀。
脸皮真厚……

你都会对隔壁的女孩子产生兴趣了，看来你也已经到了荷尔蒙分泌旺盛的年纪啦！

嗯，荷尔蒙？那是什么东西？

如果你想知道的话就赶紧翻开书，我们马上就开始上课！
你竟然把书带到这里来……
哗

我都说了我没时间学习，我要学自行车……
你说什么？
咻

呃啊，又摔倒了！
哗啦啦
真是没用！

1.感觉器官

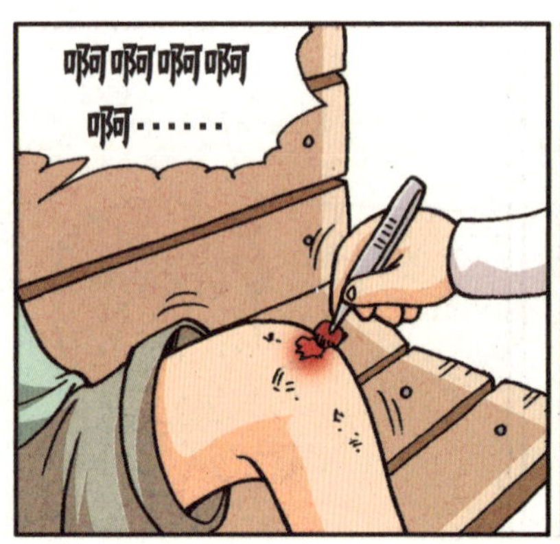

啊啊啊啊
啊……

男孩子家怎么那么娇气……
真的很疼啊。

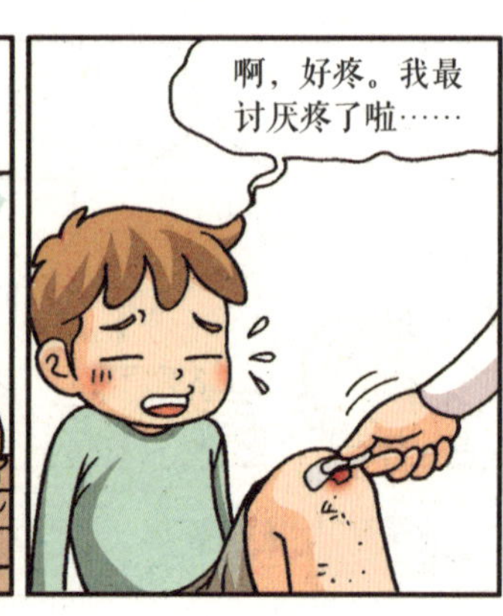

啊，好疼。我最讨厌疼了啦……

在我们的身体里有一种叫痛觉的东西，所以受伤的时候会疼是很正常的。
痛觉？

啊，那么如果没有痛觉的话，受伤也不会觉得疼咯？
如果能这样就好了。

有什么好的？痛觉是我们身体中非常重要的警告系统。

它会告诉我们这里现在很疼，请尽快接受治疗。
啊啊！

不过说来也巧，我们今天要学的内容就是“刺激”和“反应”，现在就开始学习吧。

刺激？反应？

吃了美味的食物会觉得开心。

大家都听过自己喜欢的艺人唱歌，也看过他们跳舞吧？
说——说——说出你的愿望

当然了。“少女时代”的泰妍姐姐真的超可爱。

那我要去告诉尤美说硕基喜欢泰妍。
啊，不行啦。

呵呵，可爱的家伙，脸都红了……

这些能够引起人类身体和精神产生变化的东西就是“刺激”。

而受到这些刺激之后感觉到的就是“感觉”。
汪汪汪

当然，由于这种刺激的种类非常多，
我在学习啦。
哈哈

因此接受刺激的感觉器官也是非常多的。

我们的眼睛可以看到许多事物，
看什么看？

我们的耳朵可以听见声音，鼻子可以闻到味道，
砰
是谁啊！

舌头可以尝到味道。
妈妈，好咸啊！
你这样挑食是不对的。

根据刺激种类的不同，接受刺激的器官也是不同的。
能够让器官接收到的刺激叫作“适宜刺激”。

眼睛的适宜刺激是光，耳朵的适宜刺激是音波，舌头的适宜刺激是液体状态的化学物质，
我不需要这样的适宜刺激！
哔哔哔~

而鼻子的适宜刺激是气体状态的化学物质。

1）视觉

我们之所以能够看到各种事物，

是因为光在物体上发生反射进入眼睛里。

怎么样？是不是突然觉得很感激我啊？

也就是说如果没有光的刺激，人眼将看不到任何物体的形状和颜色，也感觉不到明亮和黑暗。
太阳

因此，如果我们接收不到光的刺激，我们将什么都看不到，生活在黑暗当中。
你到底有没有看路啊？
看是什么东西啊？

只要受到了光的刺激，人类的眼睛就可以区别800万种颜色，

这比对光最敏感的胶片还要敏感1000倍以上。

人类的眼睛之所以能够看到东西，原理和照相机非常相似。
真的吗？

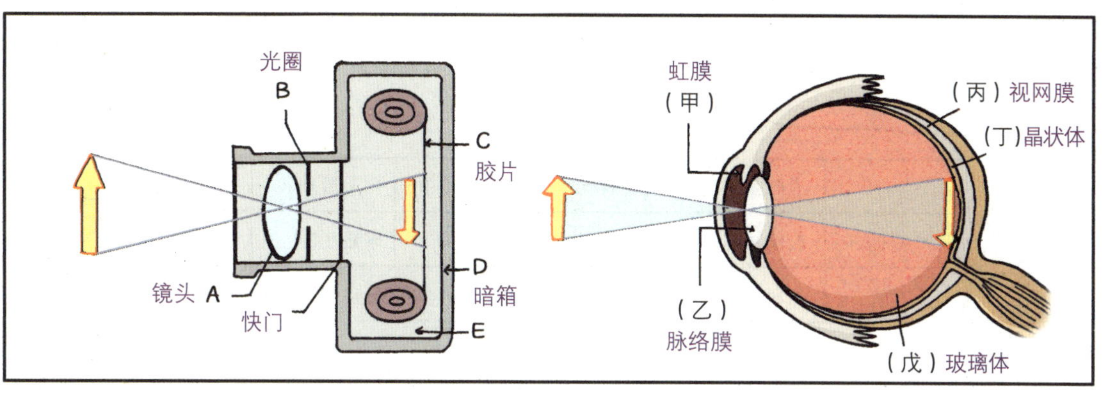

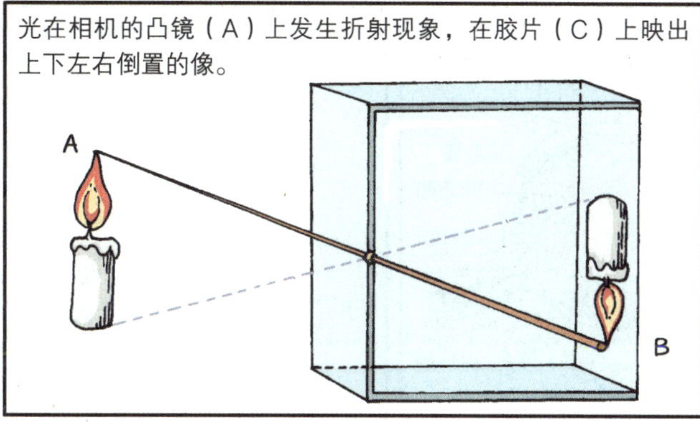

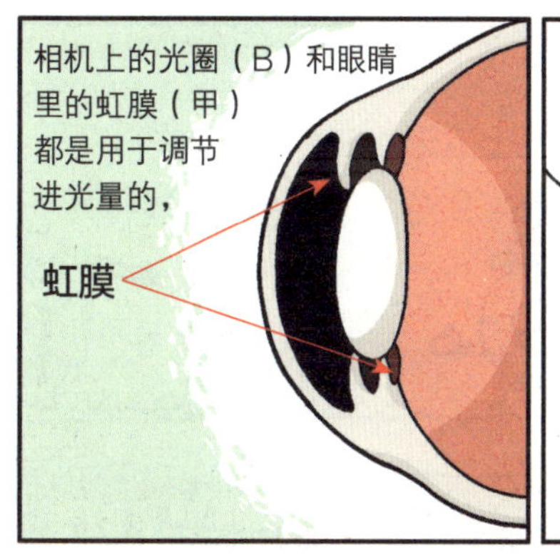

放置胶片的暗箱（D）是防止光线进入，用于调节鲜明度的，

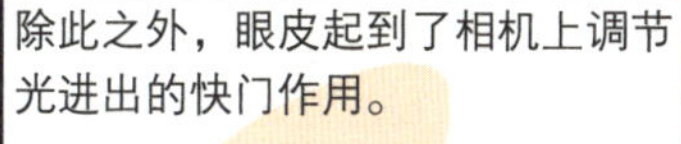

另外，虽然相机中E部分是空的，但是与之对应的眼睛的**“戊”**部分

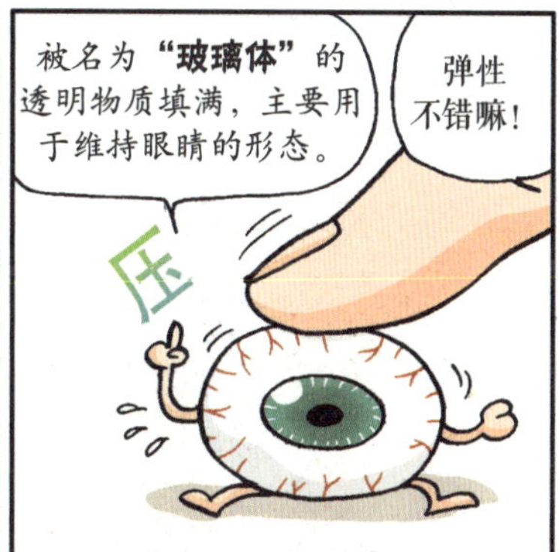

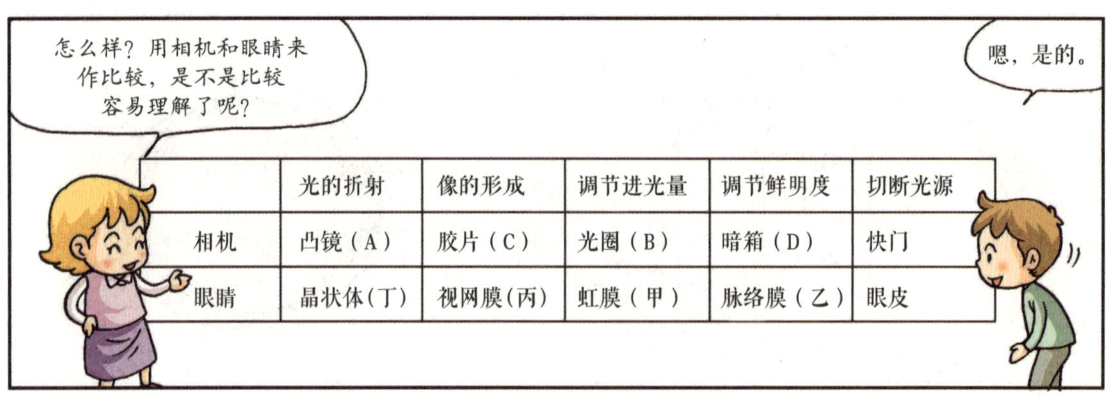

	光的折射	像的形成	调节进光量	调节鲜明度	切断光源
相机	凸镜（A）	胶片（C）	光圈（B）	暗箱（D）	快门
眼睛	晶状体(丁)	视网膜(丙)	虹膜（甲）	脉络膜（乙）	眼皮

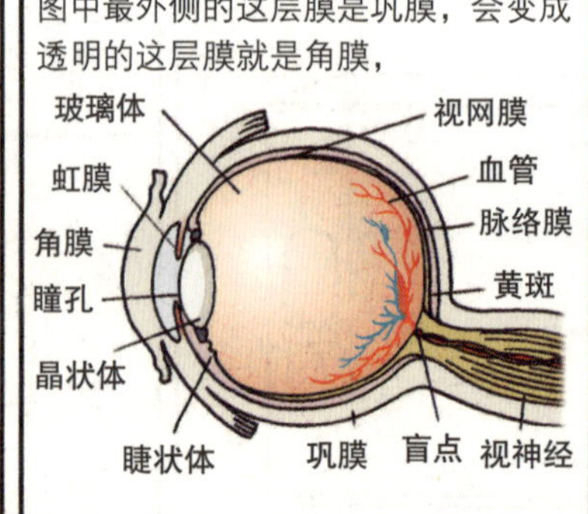

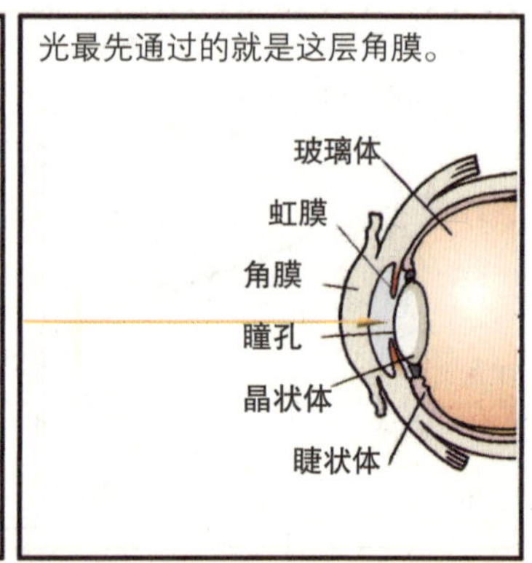

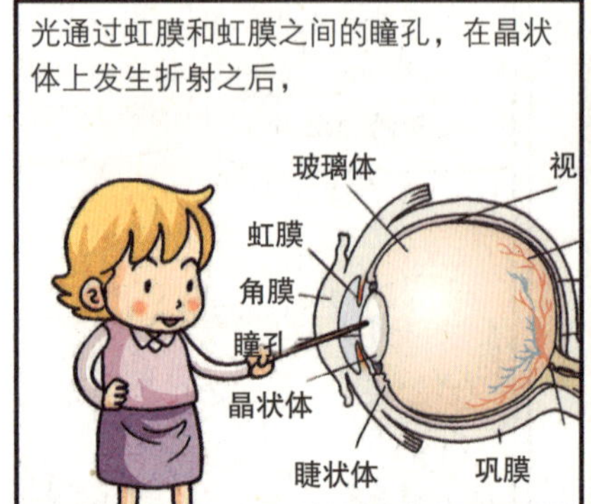

视细胞又分为在明亮处识别颜色的视锥细胞和在暗处辨别明暗的视杆细胞。

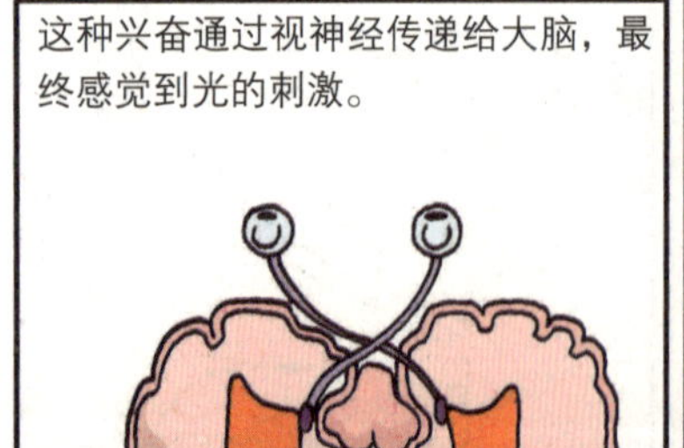

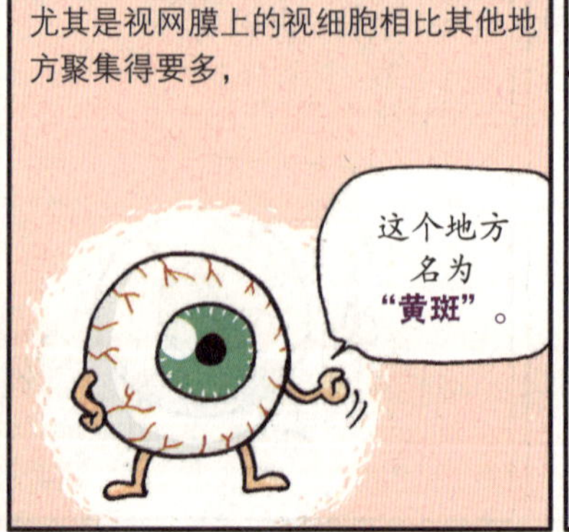

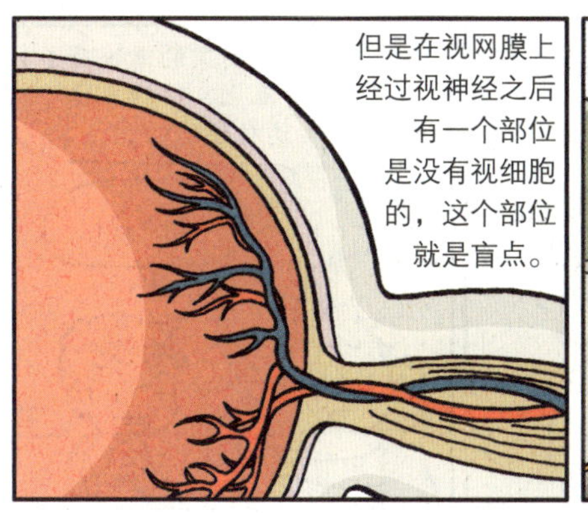
但是在视网膜上
经过视神经之后
有一个部位
是没有视细胞
的，这个部位
就是盲点。

因此，如果光在盲点上成像的话，我们是看不到的。
梆梆
汽车的后视镜
也有照不到的
盲点。

啊，那么盲点
的意思是……
没错。它的
意思就是
“意想不到的
矛盾的缝隙”。

好了，下面我们
就来做个简单的
测试吧。

首先遮住左眼
来看这幅画。
这是什么？

然后和画面隔开15cm左右的距离，

用右眼对画中的
猫咪进行对焦。
像这样吗？

大家也一起来
试一试吧。
你到底在跟
谁说话呀？

好了，接下来往后退，让图中的猫咪离视线越来越远……

啊，老鼠不见了？
哈哈，往后退30cm左右的话，老鼠就从视野范围内消失了。

那是因为老鼠图案的像映在了右眼的盲点上，所以才会发生这种现象的。
好神奇！

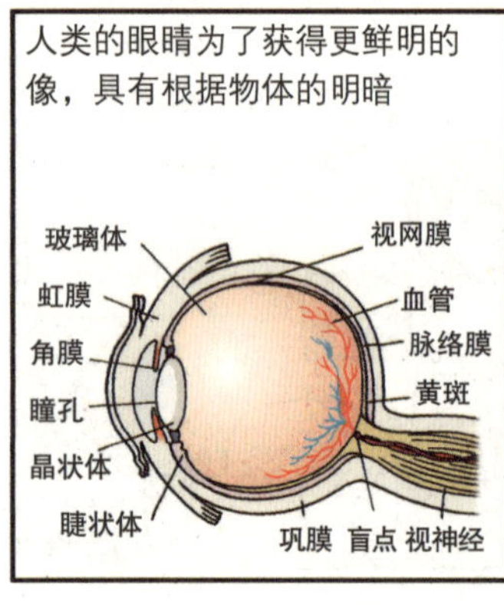
人类的眼睛为了获得更鲜明的像，具有根据物体的明暗
玻璃体
视网膜
虹膜
血管
角膜
脉络膜
瞳孔
黄斑
晶状体
睫状体
巩膜
盲点
视神经

以及物体距离自动调节的功能。
嘟嘟嘟嘟

也就是说眼睛可以自动调节明暗和远近。
哇，那真的不比高级相机差呢。

首先我们来看一下眼睛是如何调节明暗的，然后再来了解眼睛的远近调节方法。

如果从昏暗的地下来到明亮的地方，是不是感觉刺眼，有短暂的失明现象呢？
哎呀，这是多久没看到阳光了呀？

反过来从明亮的地方进入昏暗的地方，也会有一段时间看不到东西。
摸索
摸索
看不见

从昏暗的地方到明亮的地方，眼睛的进光量变大，起到光圈作用的虹膜变大，
干……干吗啦？

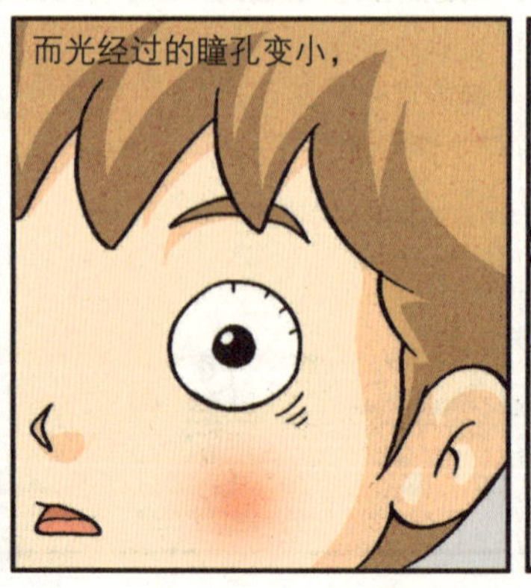
而光经过的瞳孔变小，

相反，在昏暗的地方，为了得到更多的光，虹膜会缩小，同时瞳孔也会变大。
再等一会儿就看见了吧……

变亮的时候
（虹膜松弛，瞳孔收缩）

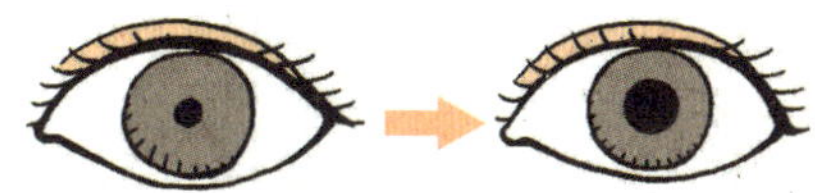
变暗的时候
（虹膜收缩，瞳孔放大）

相机可以通过调节镜头和胶片之间的距离来调节像的远近，但是眼睛做不到这一点。

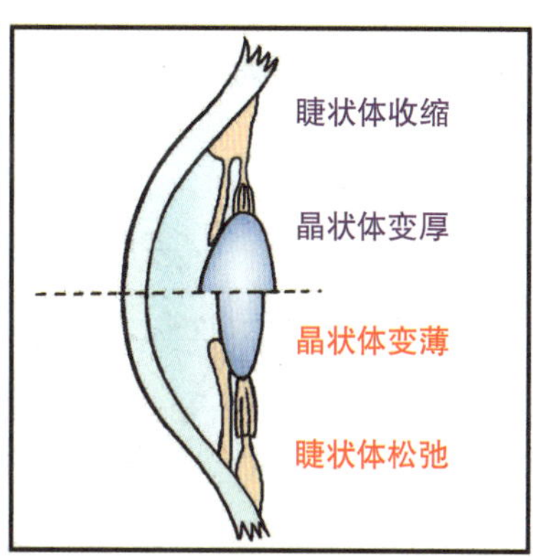

在看近距离的物体时，睫状体向晶状体的方向收缩，晶状体随之变厚，

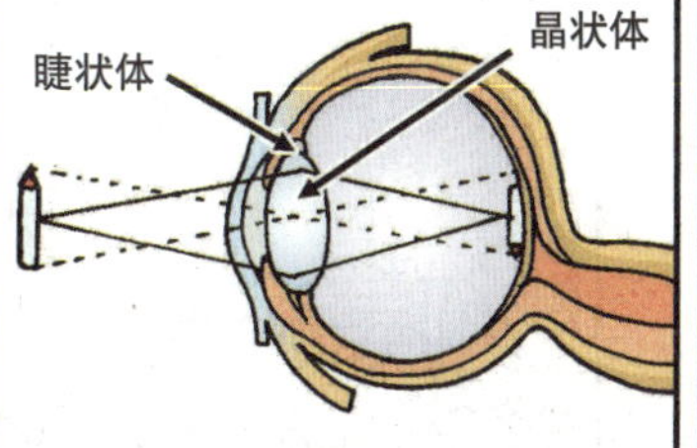

在看远距离的物体时，睫状体向晶状体的反方向松弛，晶状体也随之变薄。

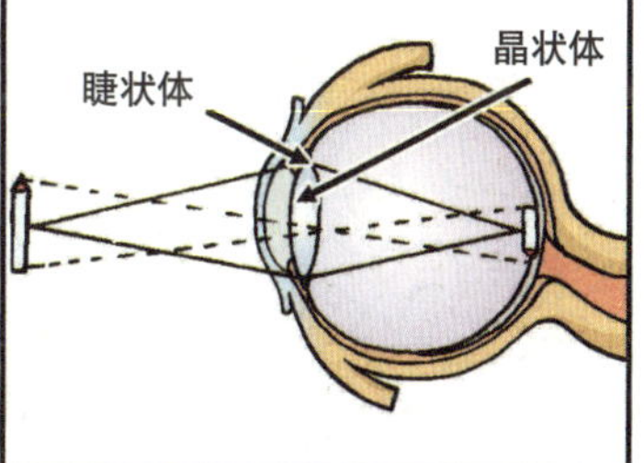

根据上述原理，当眼睛调节远近的功能不能正常发挥作用的时候，就会出现近视或远视的现象。

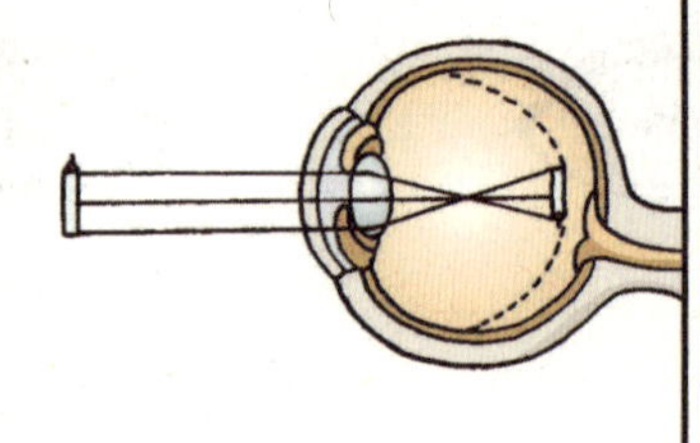
近视是指成像的位置比正常的位置靠前，因此看不清楚远处的事物。

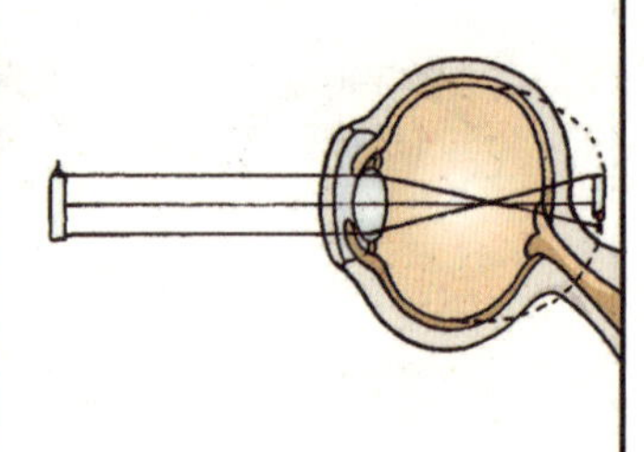
而远视则是指成像的位置比正常的位置靠后，因此看不清楚近处的事物。

一般人们戴的眼镜都是用于矫正近视的，

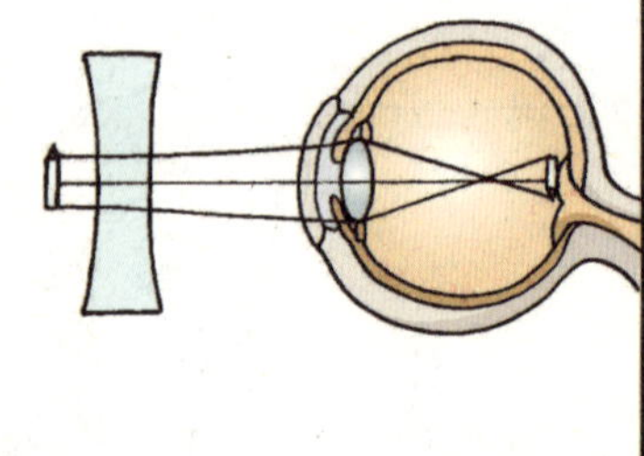
它的原理是利用凹透镜让光延伸，使成像位置推后。

但是老人家用来看近处的老花镜则是用于矫正远视的，

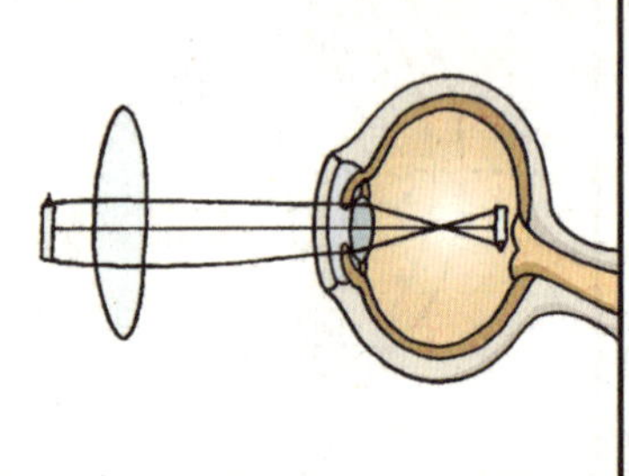
它的原理是利用凸透镜聚集光，使成像的位置前移。

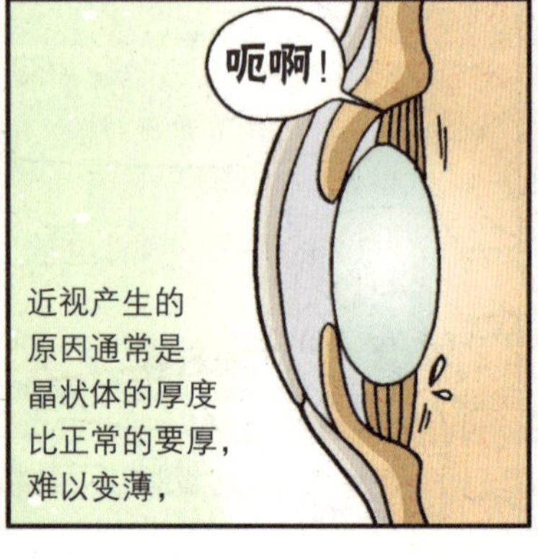
呃啊！
近视产生的原因通常是晶状体的厚度比正常的要厚，难以变薄，

或者是因为晶状体和视网膜之间的距离比正常的要远，
注意这和眼球的大小是没有关系的哦。
少女漫画主人公

另外，日常生活中还有许多原因可能造成晶状体弹力下降或者因为睫状体异常导致晶状体难以变薄。

那么就是说远视和近视是完全相反的咯？
没错。

除了近视和远视之外，还有一种眼睛的异常现象称为散光，你听说过吧？
嗯。

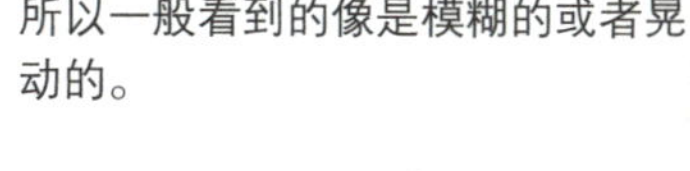

另外，眼睛的异常现象还包括色盲和色弱，原因是区分颜色的视细胞出现异常。

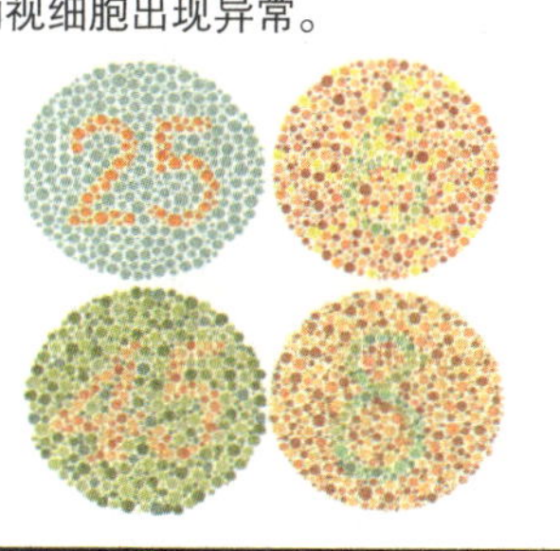

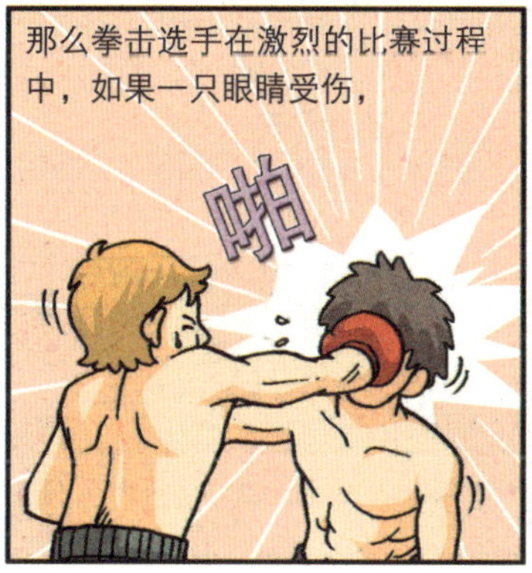

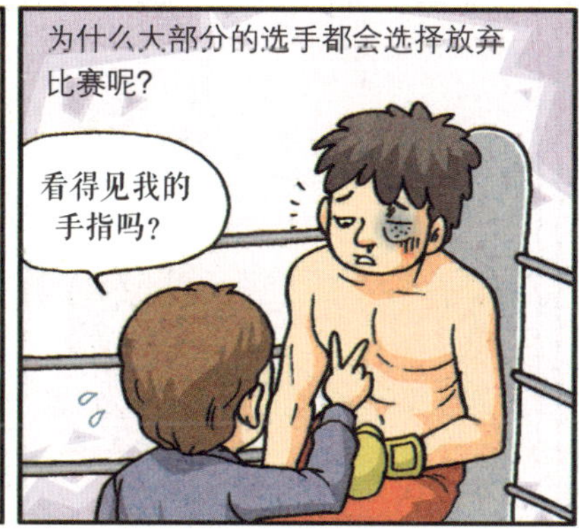

两只眼睛和物体之间产生的角度称为广角，广角大的话物体看起来就在远处，

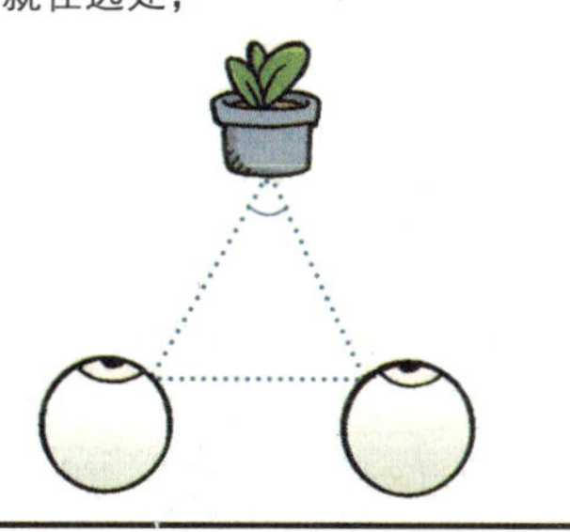

广角小的话感觉物体就在近处。

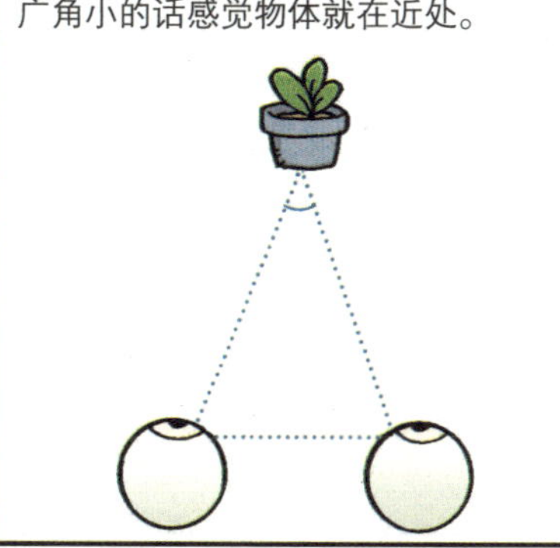

最简单的测试方法就是左右手各伸出一只手指……

然后从远处慢慢靠近。
啊，对不上呢？

在电影或漫画中经常会看到独眼龙用帅气的剑术把对手打得落花流水的场景，这样的情节都是带有夸张成分的。

等一下，你怎么能这样诋毁我的杰克船长呢？
发火

我认为他是靠天赋和后天的拼死努力克服缺陷的。
你一定要这么说的话我也没办法。

总而言之，我们的眼睛受到光的刺激就可以感受到物体的形状、大小、颜色、明暗，
你看得见我？

以及物体的距离等。这就是所谓的“视觉”。

哇，真没想到眼睛竟然有这么多事情要做。
所以眼睛的结构才会那么复杂呀。

好了，接下来让我们用下面的表格来总结一下视觉是如何成立的吧。

光
角膜
晶状体
玻璃体
视网膜
视细胞
视神经
大脑
前面学过的内容都弄明白了吧？
嗯。

2）听觉

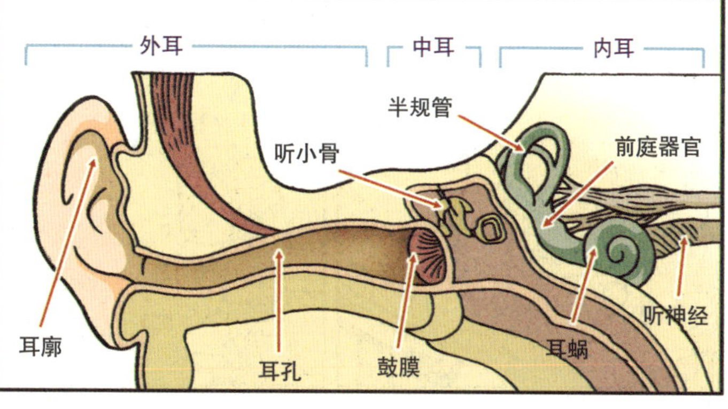

这种空气的振动被外耳的第一部分耳廓收集起来，经过耳孔的外耳道进入中耳。

它就是“鼓膜”吧？
哎呀！
哥

鼓膜差点裂了啦。
嘿嘿，对不起。

这层薄薄的鼓膜如果受到外界的巨大刺激
哐当
呃啊！

或者长时间暴露在噪声中，
哐啷
哐啷
嗡

就有可能会撕裂或者受伤，导致听力下降。
你说什么？
真是郁闷死我了。

就像刚才我的耳朵因为你的说话声感到疼痛一样。
哎呀，我的耳朵……
拉扯

最近很多人都喜欢戴着耳塞听歌，
tell me tell me

因此鼓膜受伤的人比从前增加了不少，所以大家都要小心保护自己的鼓膜。
什么？
年纪轻轻就耳聋了吗？

鼓膜感受到的振动在听小骨被放大，

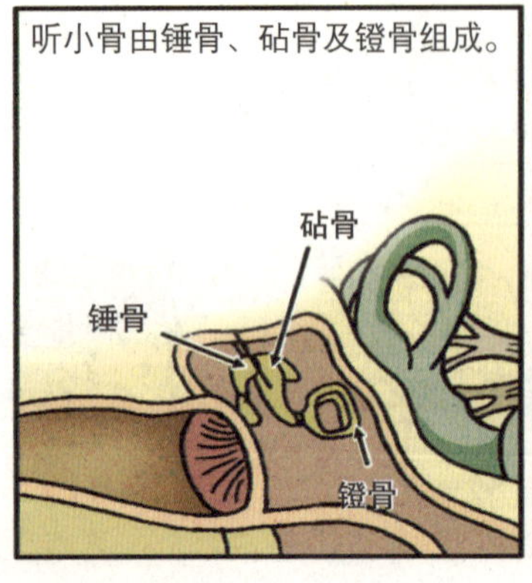
听小骨由锤骨、砧骨及镫骨组成。
砧骨
锤骨
镫骨

这块听小骨像活塞一样前后移动敲打着内耳的入口耳蜗……
笃笃

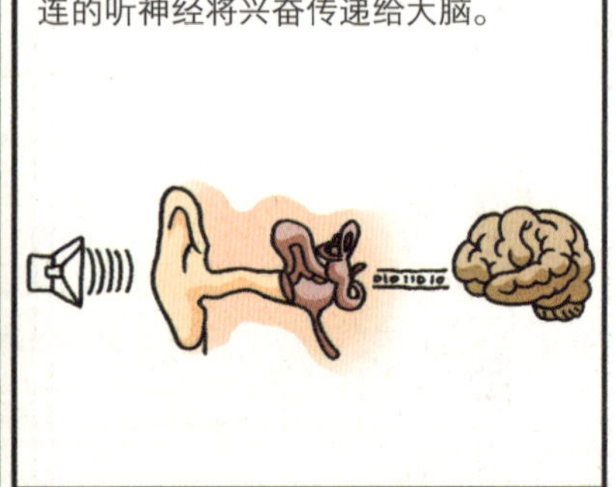
这种刺激传递给听细胞，最后通过相连的听神经将兴奋传递给大脑。

经过一番整理之后，声音的传递路径可以归纳为耳廓→外耳道→鼓膜→听小骨→耳蜗→听细胞→听神经→大脑，这样一来听力就成立了。

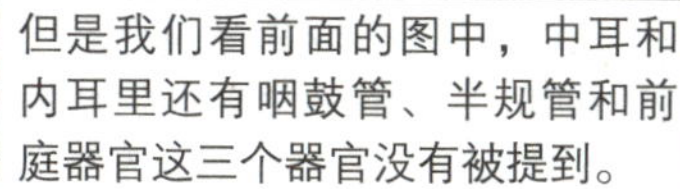
但是我们看前面的图中，中耳和内耳里还有咽鼓管、半规管和前庭器官这三个器官没有被提到。

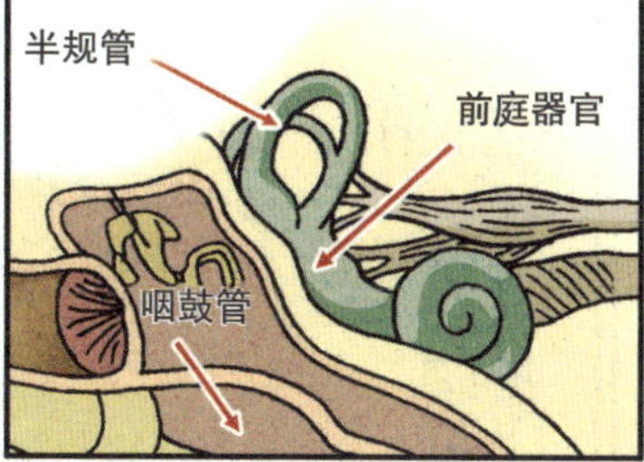
半规管
前庭器官
咽鼓管

这些器官看似和听觉的成立毫无关系，对吗？
嗯，好像是的。
哈

这是因为这些器官与听觉无关，各自起到了其他重要的作用。

首先位于中耳的咽鼓管是连接中耳和喉咙的通道，
这个器官是由意大利的一位医生最先发现的。
巴托罗梅奥·埃乌斯塔基奥

它还是调节鼓膜内外压力的器官。
起到维持外耳和中耳压力的作用。哈呜！

当我们坐车到高山上的时候，是不是会感觉耳朵嗡嗡响……

而且还听不太清楚声音呢？
没错。这种时候只要咽一下口水或者打个哈欠就又可以重新听到声音了。

这就是咽鼓管起到了调节压力的作用。
原来如此……

下面我们再来了解一下内耳的半规管和前庭器官的作用吧。

这两个器官都属于平衡感觉器官，是感受位置和旋转的器官。
摇晃
摇晃

首先我们来看一下内耳的单独放大图。

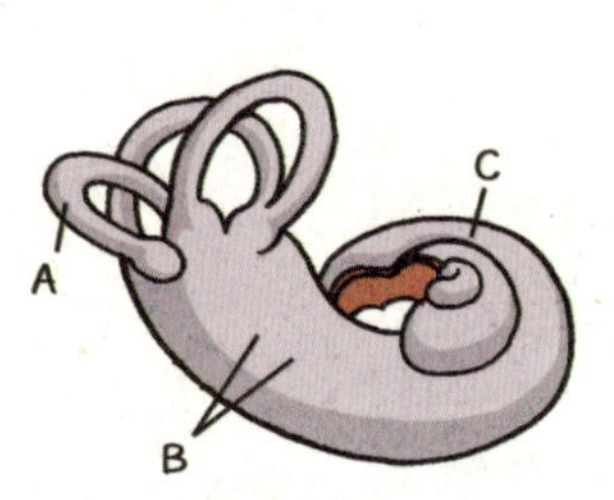

在这幅图中可以看到三种管道，其中（A）部分就是半规管，

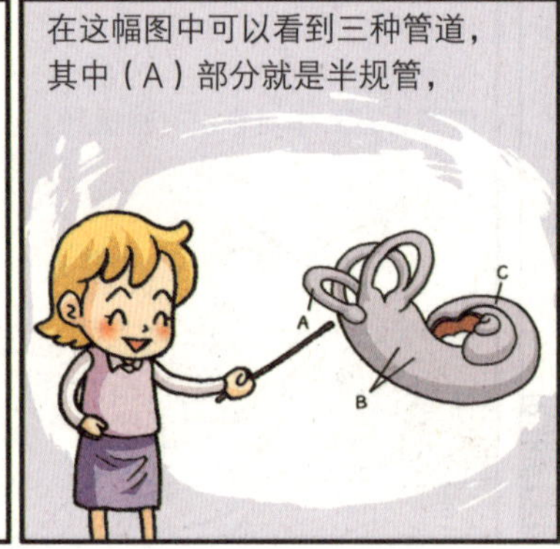

它是感受人体旋转的器官。

而位于半规管（A）和耳蜗（C）之间的（B）部分就是感受人体平衡的前庭器官。

我们先来了解一下半规管是如何感受我们身体的旋转吧。

如图所示，假设人的大脑是按照顺时针的方向运动的……

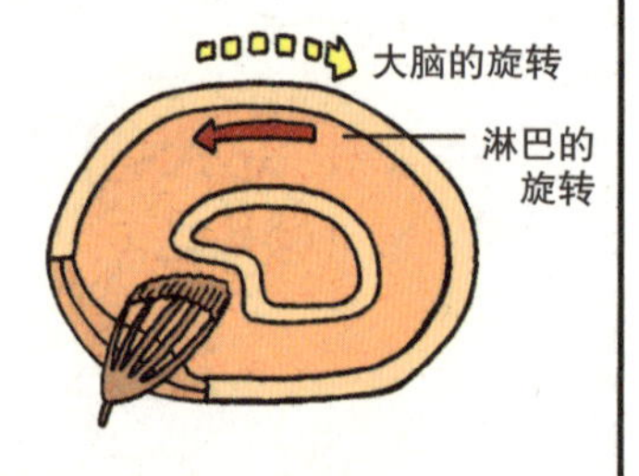

而半规管里充满的淋巴液就会在惯性的作用下按照逆时针的方向旋转。

就像公交车突然行驶起来的时候，人的身体会后仰一样。

过了一会儿，淋巴液的旋转方向也会变得像大脑一样按顺时针方向旋转。

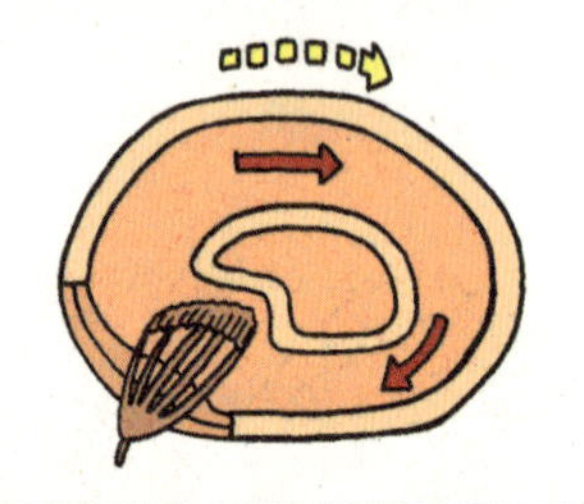

那么即使大脑停止旋转，淋巴液还是会在惯性的作用下按照顺时针的方向旋转。

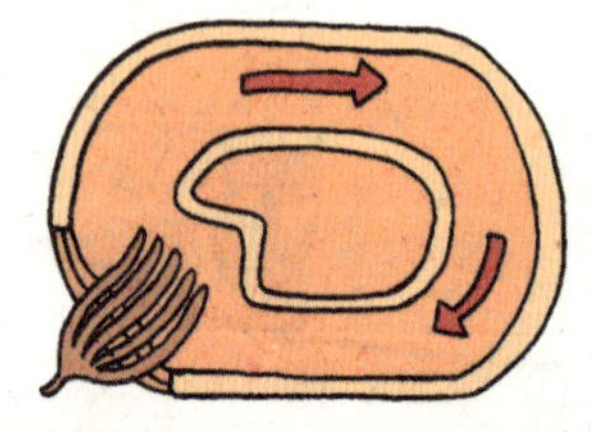

就像公交车急刹车的时候，人的身体会按照原来行驶的方向发生移动一样。

那我们再来看一看感知人体平衡和位置的前庭器官吧。

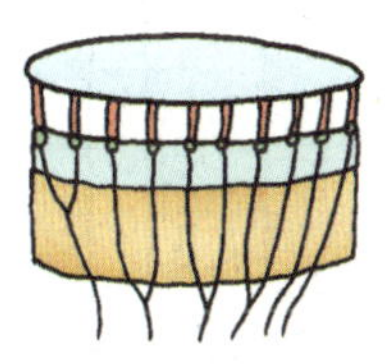

耳石

感觉细胞

感觉神经

当身体向左侧倾斜的时候，耳石会向左侧移动，当身体向右侧倾斜的时候，耳石就会向右侧移动。

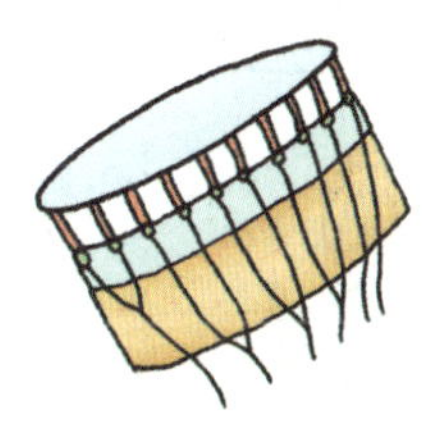

耳石的移动使身体倾斜一侧的感觉毛弯曲，我们就可以感觉到身体的位置和姿势了。

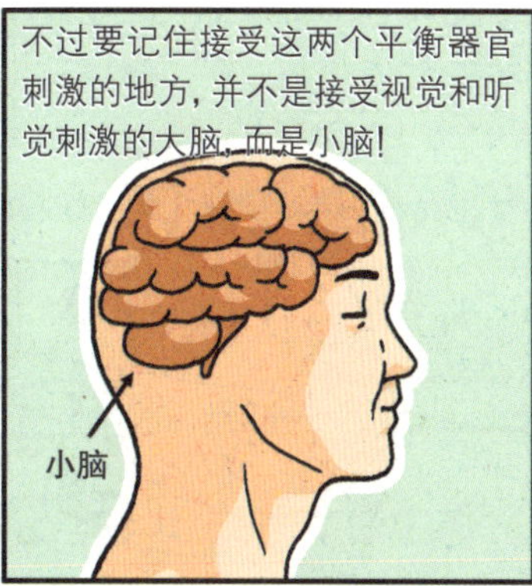

还有要知道我们常说的晕船和晕车现象也是与半规管和前庭器官有关的。

呕呕呕

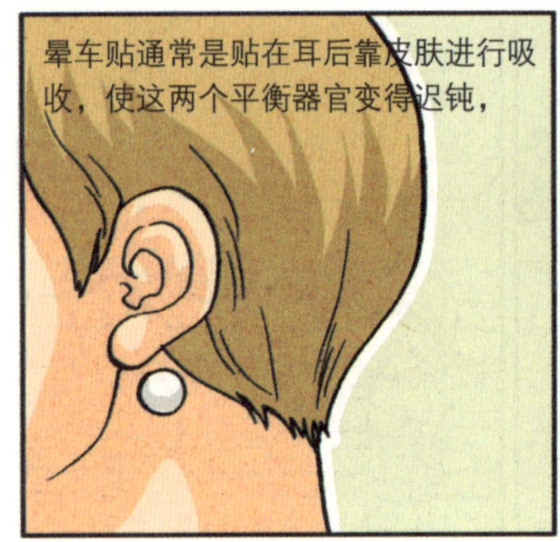
晕车贴通常是贴在耳后靠皮肤进行吸收，使这两个平衡器官变得迟钝，

这样晕车晕船的症状就会减轻不少。
干吗搞得这么麻烦呀？

把半规管和前庭器官摘除不就行了。
你到底都听了些什么东西？

3) 嗅觉和味觉

在我们的身体中，哪一种感觉是最敏感的呢？
这个嘛，是听觉？或者是视觉？

错！正确答案是嗅觉。

想象一下农村的旧式厕所。

进到这种厕所里，刺鼻的气味甚至会让我们流出眼泪来。
肚子……
呃！好恶心！
看什么看！
不许乱写乱画
笨蛋！
美英

但是奇怪的是，如果在里面待上一段时间适应了里面的味道，就不觉得那么臭了。
啊，是的呀。

原因是人类的嗅觉虽然敏感，但它同时拥有迅速熟悉味道的特征。
有气味吗？我怎么闻不到呀？
恶心……

而能感觉到气味的器官就是我们的鼻子。
猪鼻子……

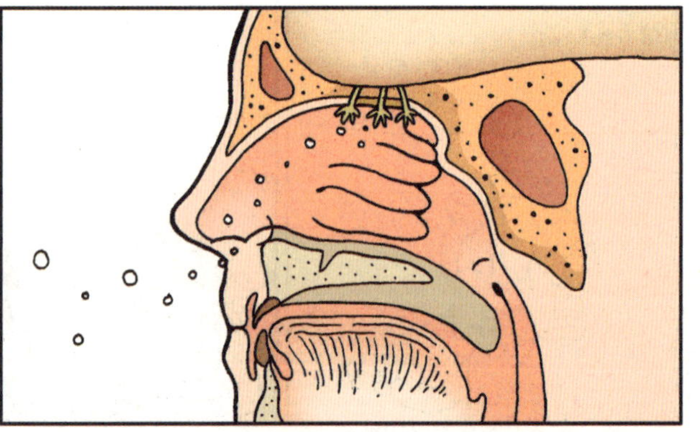

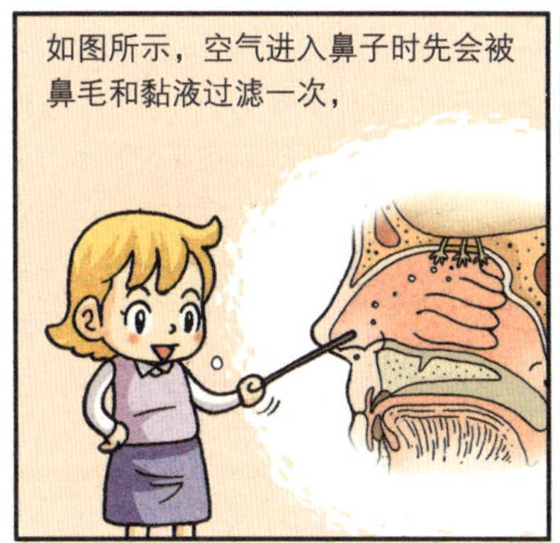
如图所示，空气进入鼻子时先会被鼻毛和黏液过滤一次，

然后，当鼻子内侧的嗅觉上皮细胞感受到气体化学物质时，嗅细胞就会受到刺激，

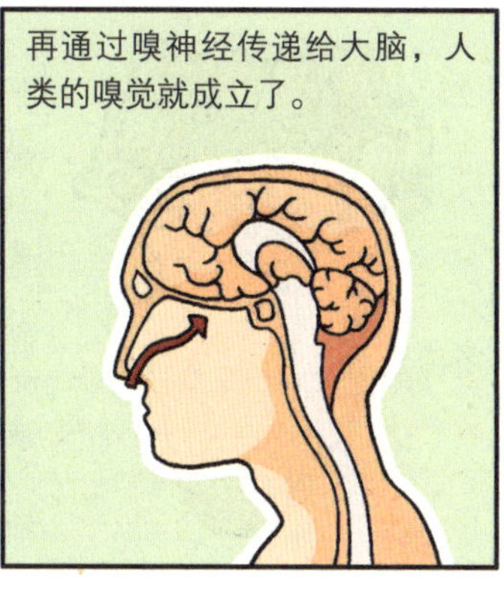
再通过嗅神经传递给大脑，人类的嗅觉就成立了。

像这样鼻子受到空气中化学物质刺激的感受就称为**“嗅觉”**。

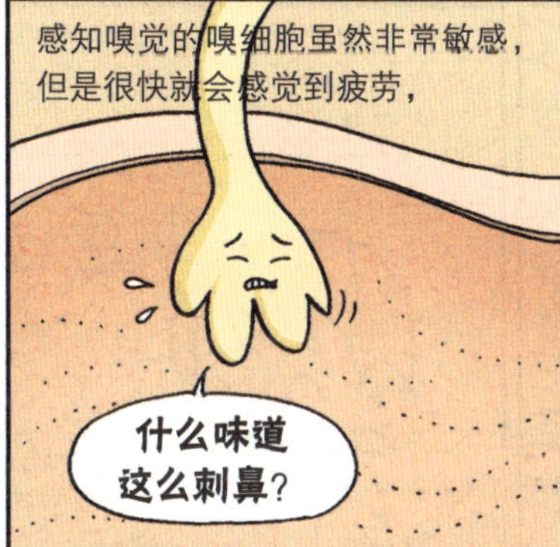
感知嗅觉的嗅细胞虽然非常敏感，但是很快就会感觉到疲劳，
什么味道这么刺鼻？

因此人们通常洒了香水自己闻不到，但别人却都能够闻到。
呃啊，味道好冲。

另外，嗅觉对我们判断美食也是有很大影响的。
COCA
薯片

这话是什么意思啊？食物的味道不是靠舌头来感觉的吗？
话虽如此，但是气味和我们品尝的味道也是有关联的。

咦，有什么关联呢？

例如香草味和食物的香味准确来说并不是一种味道而是一种气味！
香蕉牛奶

但是咸味、甜味、酸味和苦味却是靠舌头来感知的基本味道。

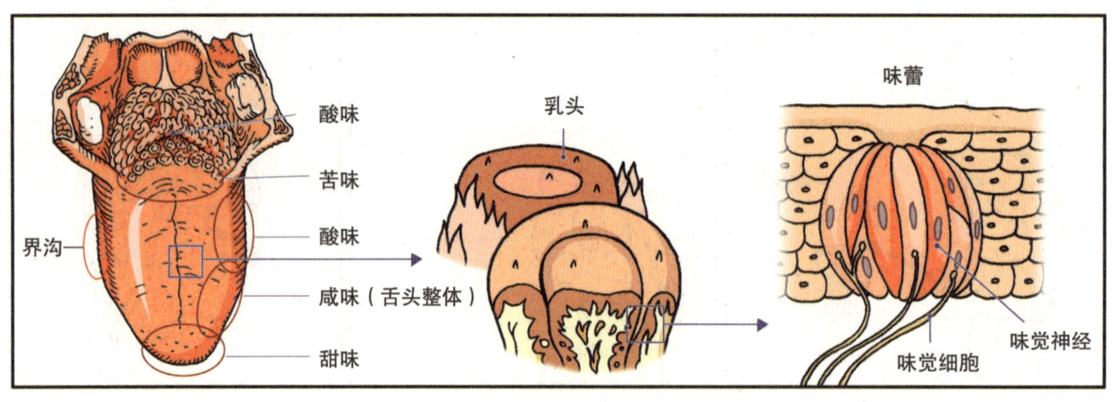
酸味
苦味
界沟
酸味
咸味（舌头整体）
甜味
乳头
味蕾
味觉神经
味觉细胞

如上图所示，舌头上面的小突起叫作乳头，乳头里含有味蕾，味蕾里又含有味觉细胞，

当味觉细胞受到被唾液溶解的液态化学物质的刺激时，人类的味觉就成立了。

味觉细胞一共分为四种，我们来看一下它们都分布在什么位置吧。
呃啊
挣扎 挣扎

参照第一幅图，甜味大多分布在舌尖的位置，酸味分布在舌头的两侧……

苦味大多位于喉咙的最前端，而咸味是在整个舌头上均匀分布的。
你直接讲不就完了嘛！

因此人们常说舌头不同部位感觉到的味道是不同的，
那我的舌头呢？

其实准确地来讲应该是舌头不同部位对味道的敏感度是不同的。
你说能尝出苦味的部位在后面是吧……
舔舔

因此除了这四种基本味道之外的其他味道都不属于味觉。

例如刚才提到的香草味就属于嗅觉，而辣味则是通过皮肤感受到的痛觉。
你嘴巴里着火了！
呼啊

什么！辣味
属于痛觉？
是的。还有涩味
可以说是一种皮
肤的压觉（按压
的刺激）。

除此之外，我们通常说到的各种味道是通过嗅觉、视觉、温度、
心理状态等感觉结合之后创造出来的，

在漫画或电影中经常出现的拥有绝
对味觉的人物，
我叫大长今。

就是拥有区分这种细微差异的能力的人。
因为食物发甜所以
我说它是甜的，但
如果您问我为什么
发甜的话……

好了，我们最后再来整理一下嗅
觉和味觉是如何成立的吧。

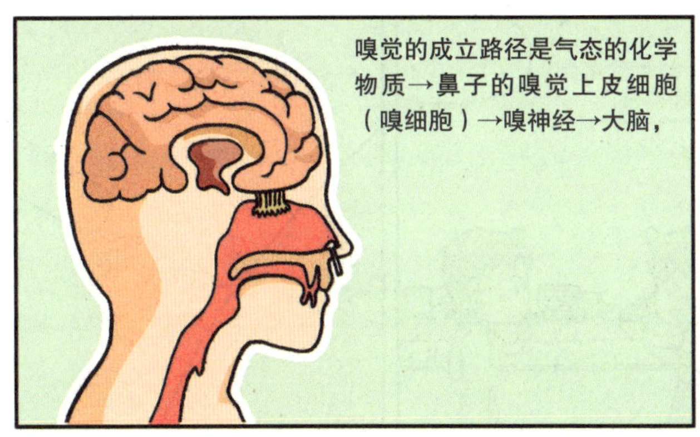
嗅觉的成立路径是气态的化学
物质→鼻子的嗅觉上皮细胞
（嗅细胞）→嗅神经→大脑，

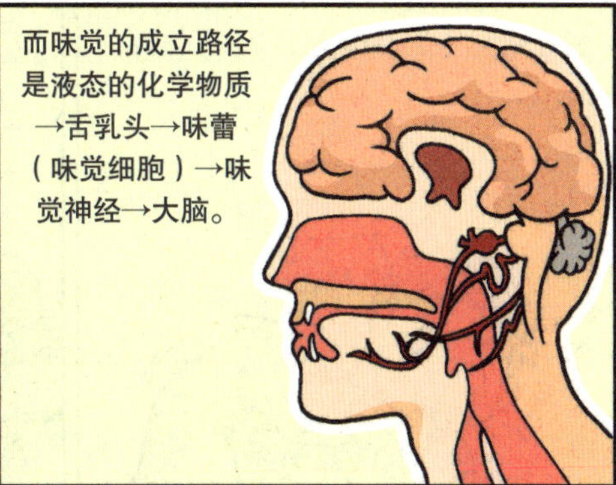
而味觉的成立路径
是液态的化学物质
→舌乳头→味蕾
（味觉细胞）→味
觉神经→大脑。

4）触觉

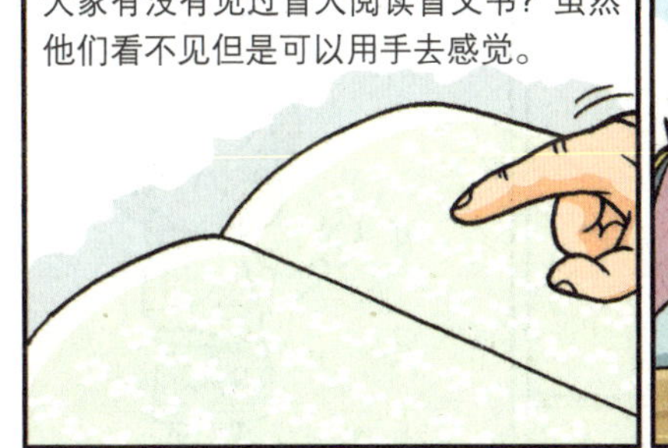
大家有没有见过盲人阅读盲文书？虽然
他们看不见但是可以用手去感觉。

因此包裹在我们整个身体之外的
皮肤不仅起到了保护的作用……

还可以通过触觉阅读盲文书，
结果……
那个人

可以区分凉水和热水……
唰啊
哎呀，
好烫！

打针的时候可以感觉到疼痛。
会有点痛
哦……
啪

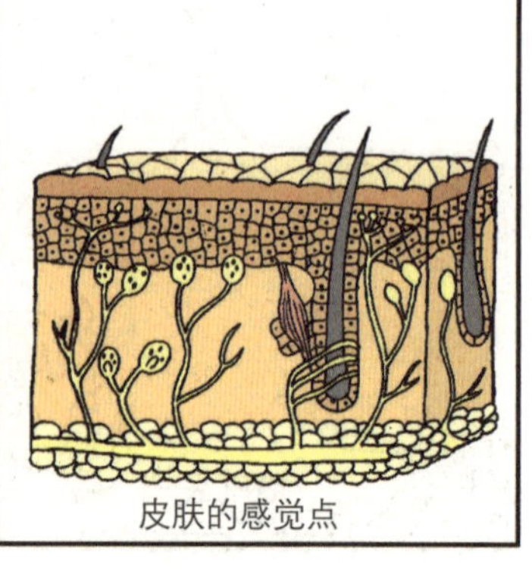
皮肤的感觉点

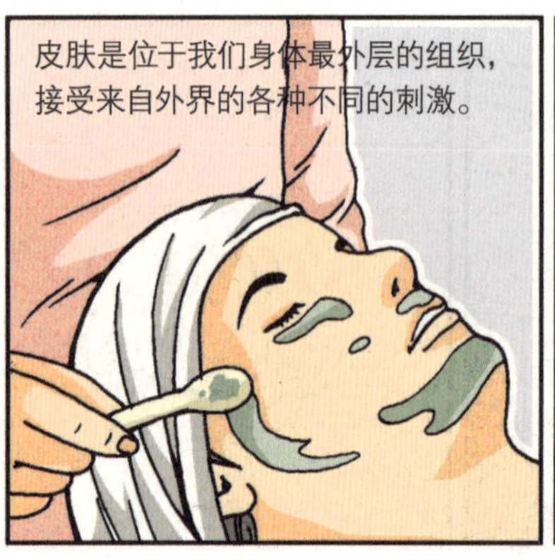
皮肤是位于我们身体最外层的组织，
接受来自外界的各种不同的刺激。

皮肤可以分为看得见汗毛和毛孔
的表皮和含有各种感觉点和汗腺
的真皮部分。

在上面的这幅图中有没有
看到感觉点啊？
嗯。

这个感觉点位于真皮层，分布于全身，
啊哈哈，
好痒啊！
舔
舔

不同的身体部位，
感觉点的数量也会
有所不同。
数量不同？

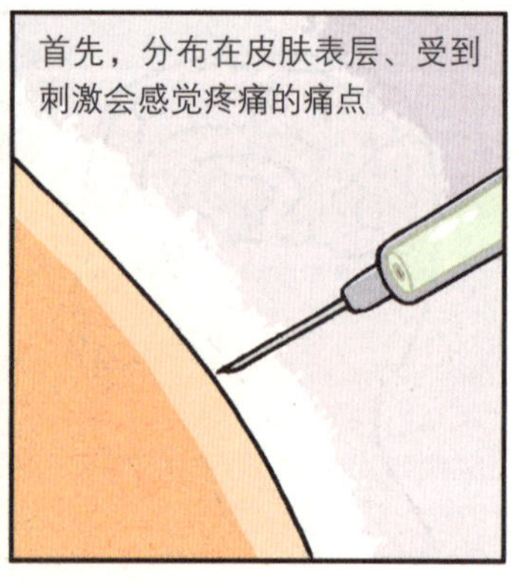
首先，分布在皮肤表层、受到
刺激会感觉疼痛的痛点

数量最多，
为什么痛点的数量
最多嘛……

位于皮肤最深处的，能够感觉到皮
肤压力的压点的数量排名第二。
啊
啊

剩下的三种感觉点按数量多少
排序分别是触点、冷点、温点。

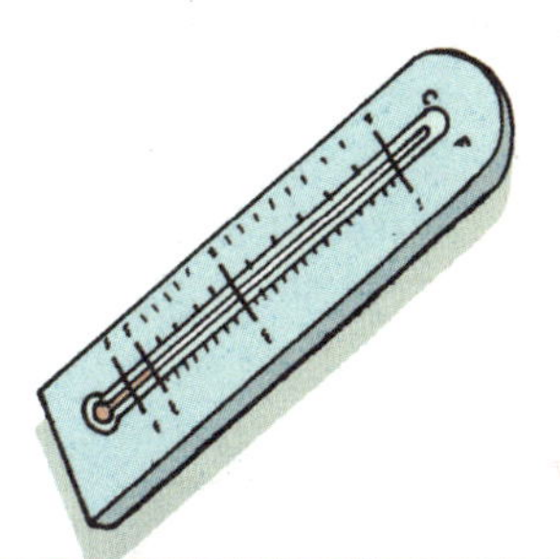

从10℃的水里放进去的手会感觉温暖，而从50℃的水里放进去的手会感觉冷。

啊，很暖和嘛……

啊，冰死了！

另外,感觉点在我们身体上的分布并不是均匀的。人体上既有像手指和嘴唇这种因感觉点分布较多而较敏感的部位，

也有因感觉点分布较少而相对比较迟钝的部位。

那么阅读盲文书的时候，用手指触摸和用手背触摸将不会有太大的区别，

如果后脑勺也有大量的感觉点那就比较麻烦了呢。

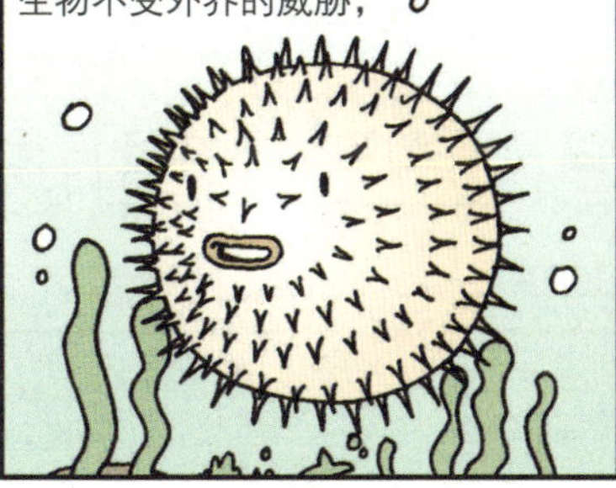

使身体维持一定的状态的接收信息的感受器。

01 感觉器官

·视觉（眼睛）
·听觉（耳朵）
·嗅觉（鼻子）和味觉（舌头）
·触觉（皮肤）

1) 视觉(眼睛)

适宜刺激

适宜刺激=>能够接受的刺激
眼睛的适宜刺激=> 光（可视光线）

眼睛和相机

	光的折射	像的形成	调节进光量	调节鲜明度	切断光源
相机	凸镜(A)	胶片(C)	光圈(B)	暗箱(D)	快门
眼睛	晶状体(丁)	视网膜(丙)	虹膜(甲)	脉络膜(乙)	眼皮

明暗调节

变亮的时候
（虹膜松弛，瞳孔收缩）

变暗的时候
（虹膜收缩，瞳孔放大）

远近调节

看近处的物体时
睫状体收缩→晶状体变厚→焦点距离变短

看远处的物体时
睫状体松弛→晶状体变薄→焦点距离变长

远视和近视

远视
成像的位置比正常的位置靠后，因此看不清楚近处的事物。
=>用凸透镜矫正
近视
成像的位置比正常的位置靠前，因此看不清楚远处的事物。
=> 用凹透镜矫正

光的移动路径

光→角膜→瞳孔→晶状体→玻璃体→视网膜（视细胞）

“视觉的成立”

光 - 角膜 - 晶状体 - 玻璃体 - 视网膜 - 视细胞 - 视神经 - 大脑

2) 听觉(耳朵)

适宜刺激	音波（声音）——人耳可听的频率（20~20000 Hz）
构造	外耳 中耳 内耳 半规管 听小骨 前庭器官 耳廓 耳孔 鼓膜 耳蜗 听神经 咽鼓管
听觉的成立	耳廓→外耳道→鼓膜→听小骨→耳蜗→听细胞→听神经→大脑
压力调节	咽鼓管：调节中耳和外部的压力，保持平衡。
平衡感觉	前庭器官：身体的旋转（惯性）・半规管：身体的平衡（重力）

3) 嗅觉(鼻子)和味觉(舌头)

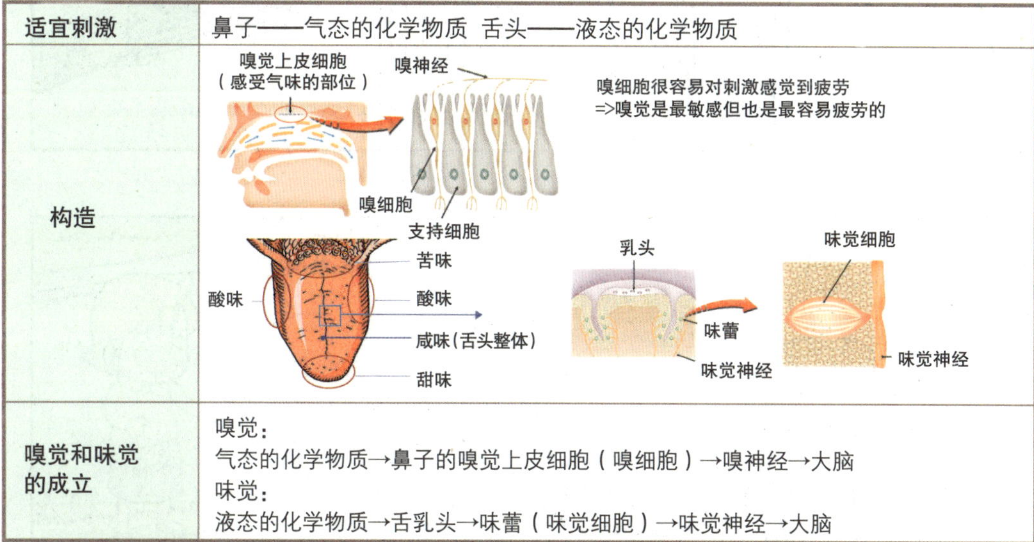

适宜刺激	鼻子——气态的化学物质 舌头——液态的化学物质
构造	嗅觉上皮细胞（感受气味的部位） 嗅神经 嗅细胞 支持细胞 嗅细胞很容易对刺激感觉到疲劳 =>嗅觉是最敏感但也是最容易疲劳的 苦味 酸味 酸味 咸味(舌头整体) 甜味 乳头 味蕾 味觉神经 味觉细胞 味觉神经
嗅觉和味觉的成立	嗅觉： 气态的化学物质→鼻子的嗅觉上皮细胞（嗅细胞）→嗅神经→大脑 味觉： 液态的化学物质→舌乳头→味蕾（味觉细胞）→味觉神经→大脑

4) 触觉(皮肤)

适宜刺激	皮肤刺激（接触、热、压力、化学物质、温度变化等）
构造	身体不同部位的感觉点分布情况不同，但一般情况下是按照痛点＞压点＞触点＞冷点＞温点的顺序分布的。 痛点（热、化学物质、强压等） 压点（强压），触点（轻微的触碰） 冷点（向低温的变化） 温点（向高温的变化）

2.神经

1t
1t

1) 神经元

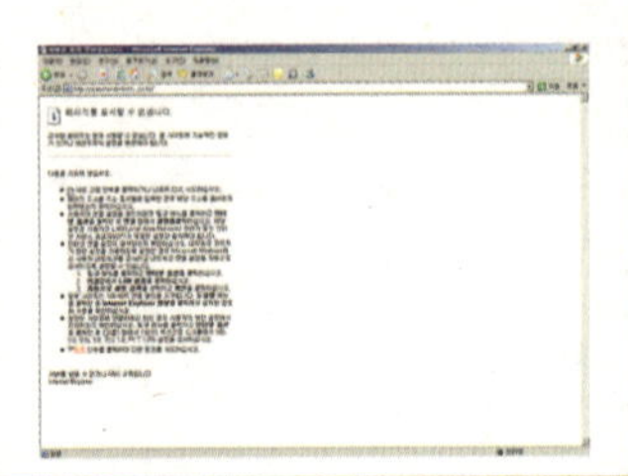
只要有一台电脑就可以上网检索资料吗?

当然不是啦。必须连接网络和通信网之后才能够获取信息。

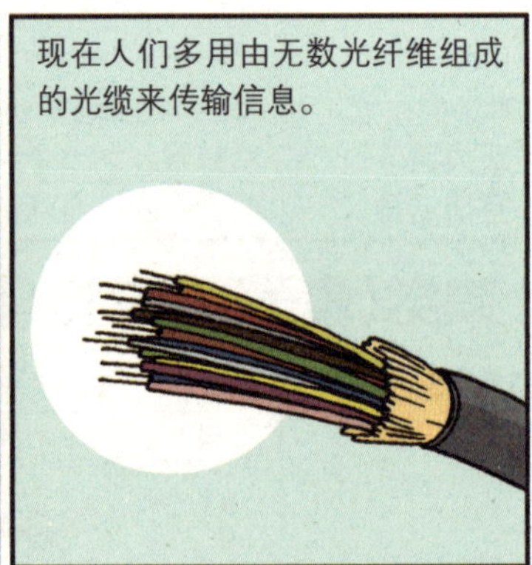
现在人们多用由无数光纤维组成的光缆来传输信息。

而我们的身体也是通过神经来传递身体受到的各种刺激。
哎呀，后面来车了……
梆梆

神经也是生命体的一个组成部分，因此自然也是由细胞构成的咯。

但是构成神经的“神经细胞”和其他的细胞有许多不同之处。
有哪些不同呢?

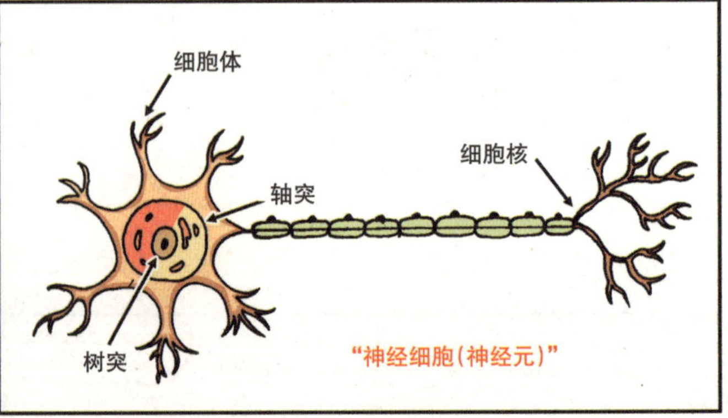
细胞体
细胞核
轴突
树突
“神经细胞(神经元)”

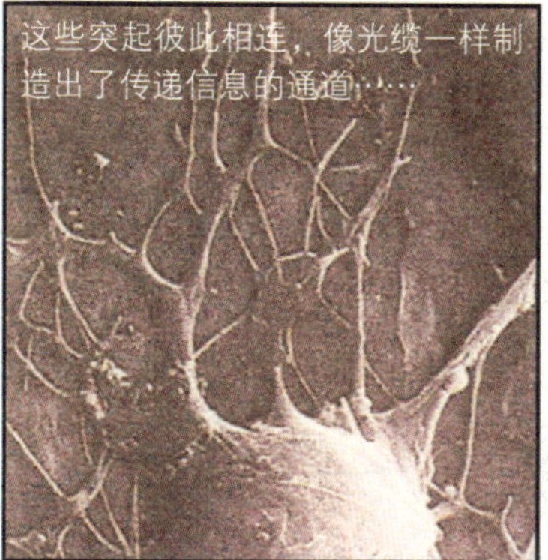

神经突起由接受来自其他神经元的刺激的树突和向其他神经元传递刺激的轴突组成。

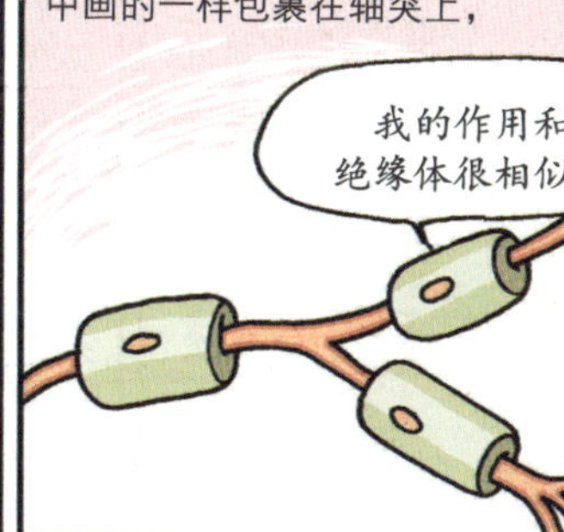

在传递刺激的速度上，有髓神经纤维比无髓神经纤维要快。

终点

从有髓神经纤维传过来的刺激都已经到了，那家伙到底在干什么呀？

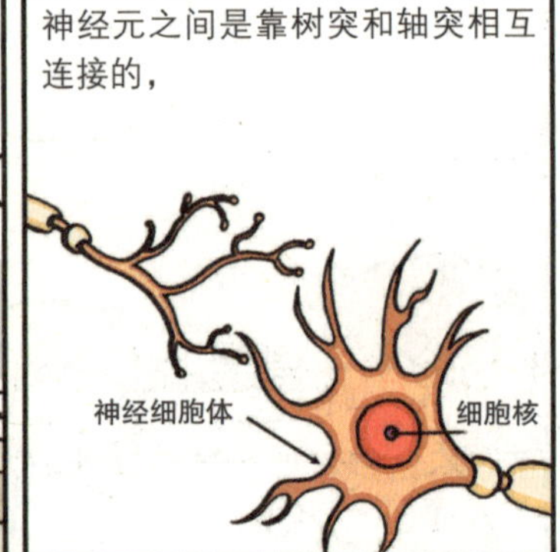

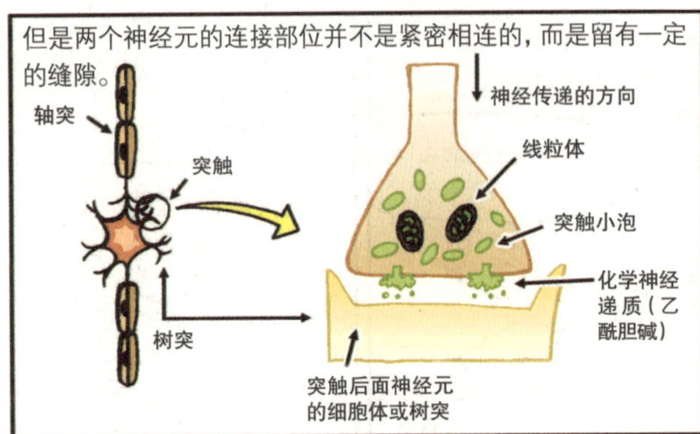

在一个神经元内刺激的传递方向是随机的，但是在神经元之间进行传递的时候，

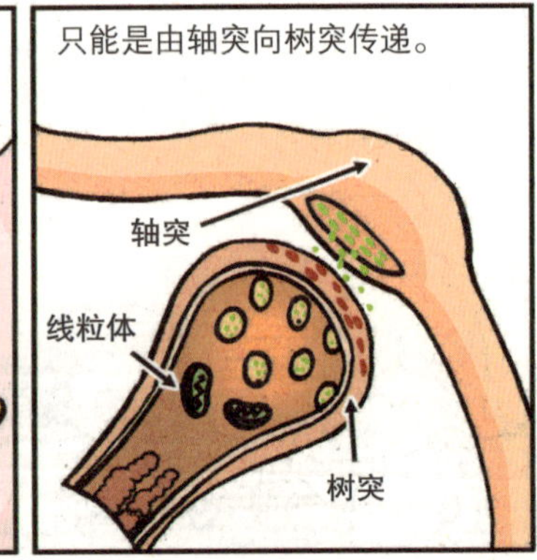

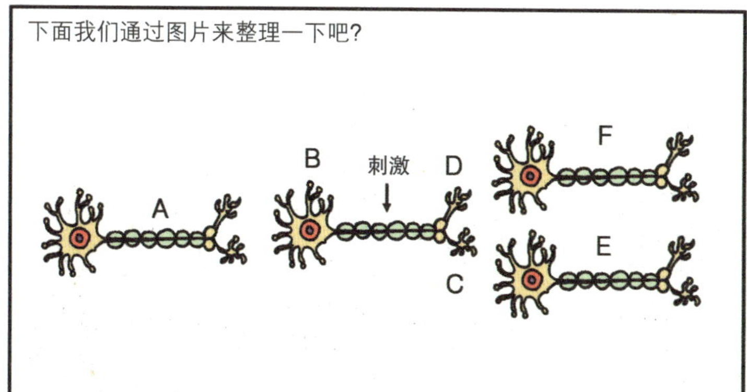
下面我们通过图片来整理一下吧?
A
B
刺激
D
C
F
E

如果我们在B和D之间的部位加以刺激，这个刺激的信息会被传递到哪里呢?

位于同一个神经元上的B、D、C肯定是可以传递到的，但是在向其他神经元传递的时候因为只能从轴突向树突传递……

所以神经元A是无法传递到的，而F和E是可以得到刺激的。
嗯，我终于弄明白啦。
B
刺激
D
C

现在大家都该理解刺激为什么只能朝一个方向传递了吧?

2) 神经系统

神经元按照功能可以分为三类。

分别是感觉神经元、中间神经元、运动神经元。
感觉神经元是与眼睛等感觉器官相连的，而中间神经元是大脑和脊髓的构成部分，

运动神经元是与肌肉等感受器相连的。
吼

感觉神经元聚集在一起就形成了感觉神经系统，中间神经元聚集在一起就形成了中枢神经系统，运动神经元聚集在一起就形成了运动神经系统。

在和小朋友玩球的时候看到球被抛过来，首先眼睛里的视神经受到刺激，
咻

刺激从感觉神经系统传递至大脑中的中枢神经系统，经过处理之后下达命令，
伸出手，接住球！

然后通过运动神经系统控制手臂和手指的肌肉去接球。
哎呀！
你这都接不住啊？
哒

是这样啊？看似简单的动作，原来也要经历这么复杂的过程啊？
是的。

像这样能够对刺激进行处理和分析，调节反应，控制身体进行统一行动的神经系统就称为**“中枢神经”**，

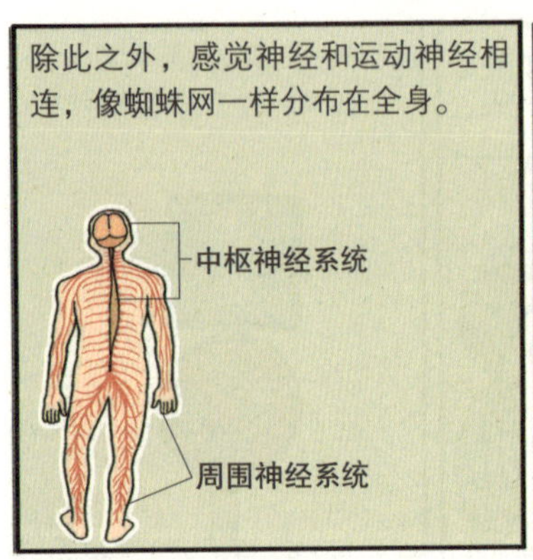
除此之外，感觉神经和运动神经相连，像蜘蛛网一样分布在全身。
中枢神经系统
周围神经系统

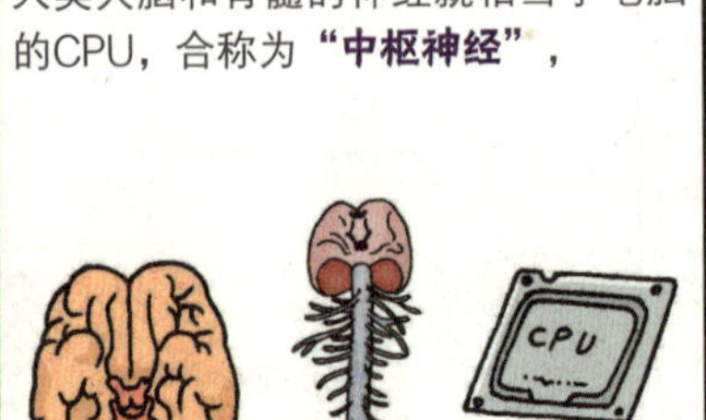
人类大脑和脊髓的神经就相当于电脑的CPU，合称为**“中枢神经”**，
CPU

剩下的感觉神经和运动神经则统称为**“周围神经**（末梢神经）**”**。
哎呦

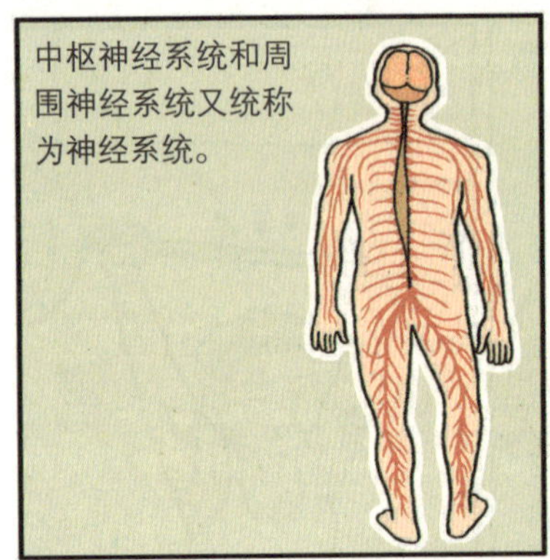
中枢神经系统和周围神经系统又统称为神经系统。

下面我们先来了解一下中枢神经吧。

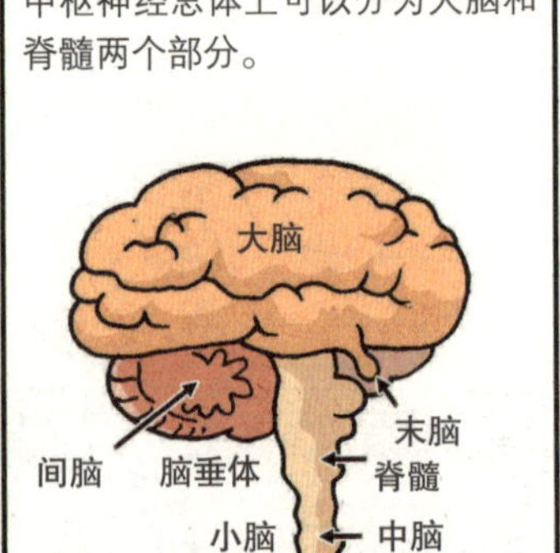
中枢神经总体上可以分为大脑和脊髓两个部分。
大脑
末脑
间脑
脑垂体
脊髓
小脑
中脑

大脑被坚硬的颅骨包围着，分为大脑、小脑、中脑、间脑和末脑。

当然它们每个部位的作用都是不同的。

从前有一个人的大脑受伤了，而身体的其他地方都没有问题，
采石场监工
菲尼斯·盖奇

大脑是人类一切神经活动的中枢，分为左右两个半球，上面布满了褶皱。

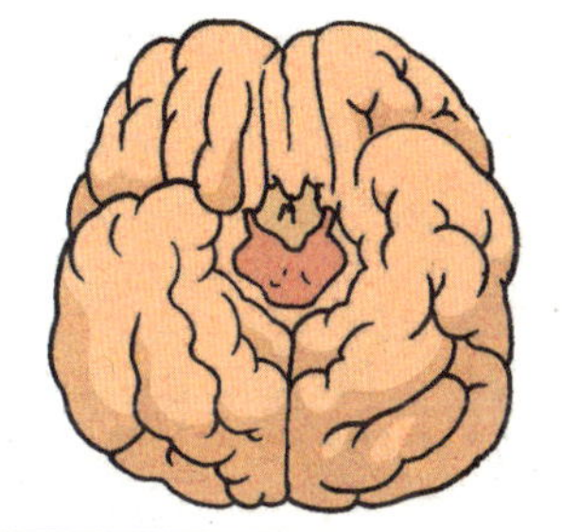

即，大脑皮质负责处理和分析信息并下达命令，而髓质则负责与身体其他部位进行通信。

大脑皮质根据功能又可以分为运动区、感觉区和中枢区。

第二个部位是小脑，

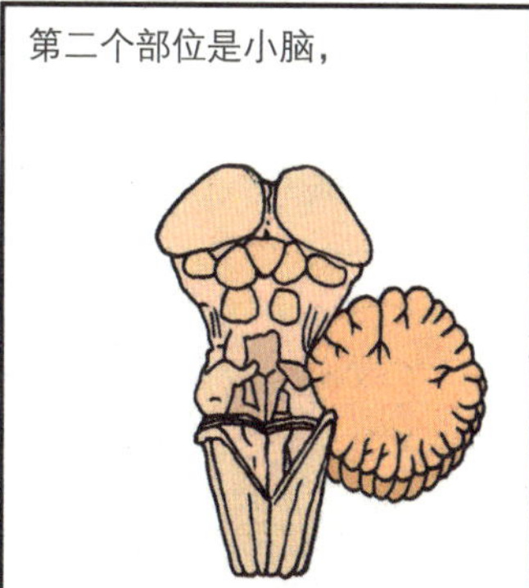

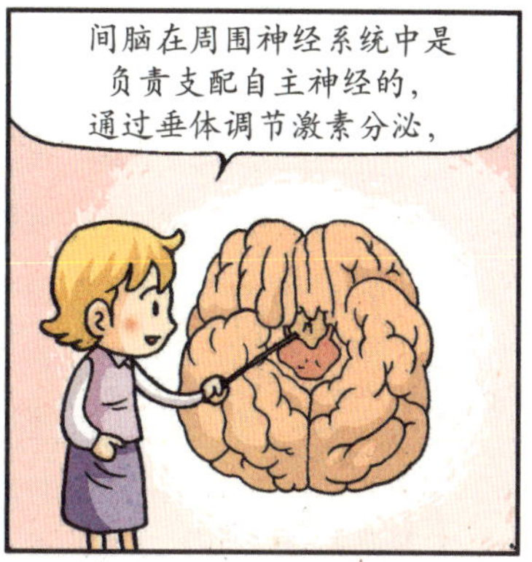

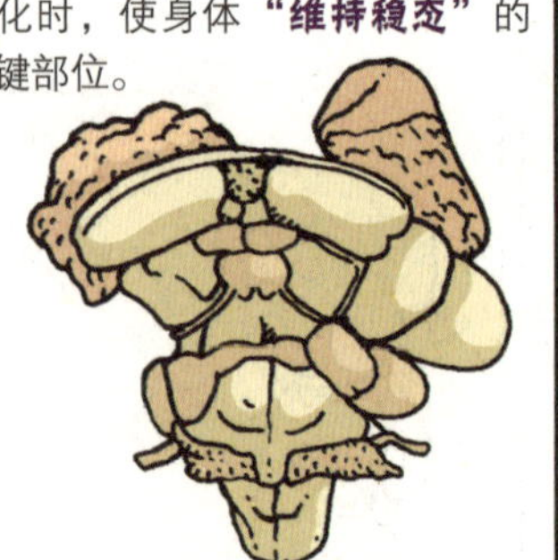
可以看作是我们身体在遭遇外界变化时，使身体“维持稳态”的关键部位。

例如调节体温和调节血糖量的功能。
身心统一……
颤抖
颤抖

而位于间脑下方的中脑

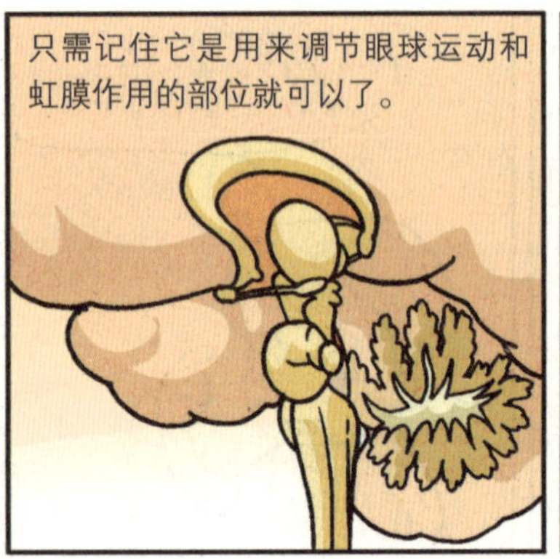
只需记住它是用来调节眼球运动和虹膜作用的部位就可以了。

最后是被人们称为“延髓”的末脑，

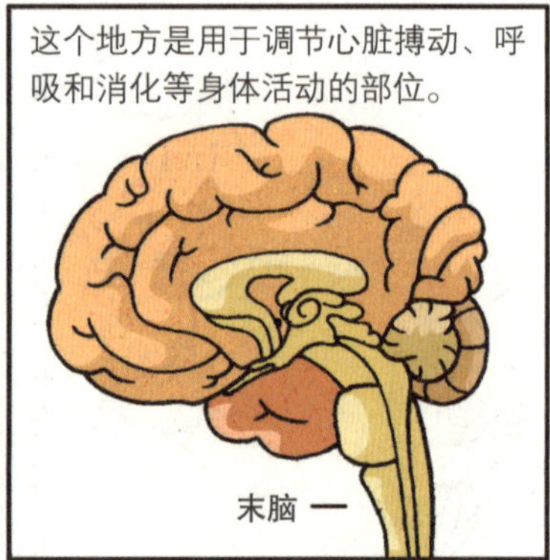
这个地方是用于调节心脏搏动、呼吸和消化等身体活动的部位。
末脑

另外，它还是打喷嚏、唾液分泌、打哈欠等活动的反射中枢。
阿嚏

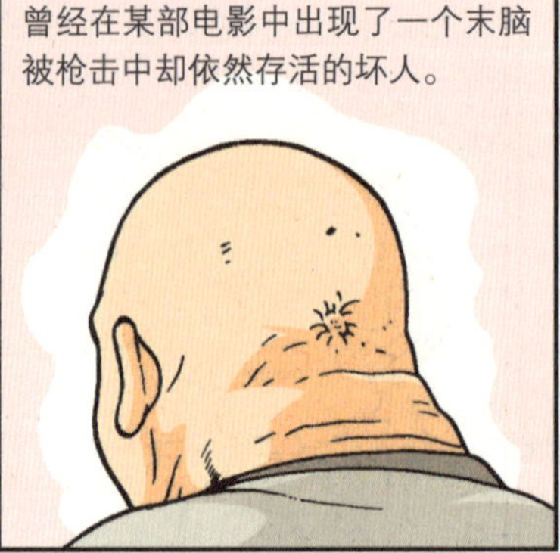
曾经在某部电影中出现了一个末脑被枪击中却依然存活的坏人。

而他不仅没有感觉到痛苦，战斗起来还非常勇猛。

但事实上如果人的末脑真的被枪击中的话是绝对无法活下来的。

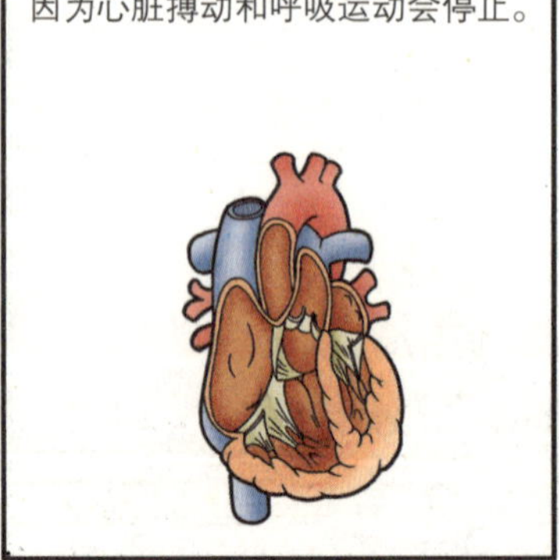
因为心脏搏动和呼吸运动会停止。

电影中只是夸大了人的意志力，吸引观众。
我说呢，这么神奇，中枪了还活蹦乱跳的……

总而言之，末脑
可以称为是神经
系统的交叉点，

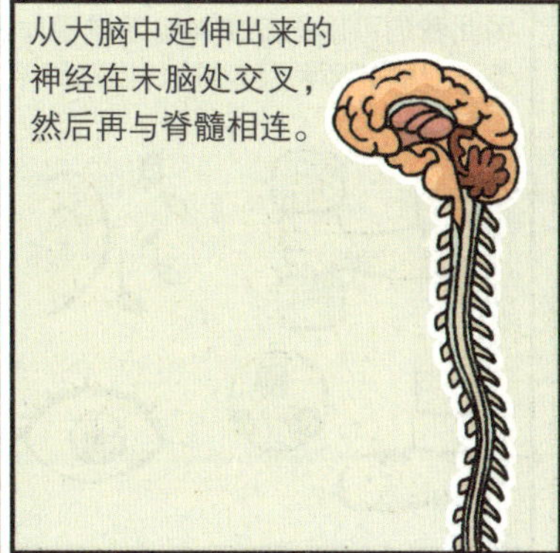
从大脑中延伸出来的
神经在末脑处交叉，
然后再与脊髓相连。

正因为这个交叉点的存在，所以
人的左侧身体是受右脑控制的，
而右侧身体则是受左脑控制的。
所以左撇子大
多右脑都比较
发达。

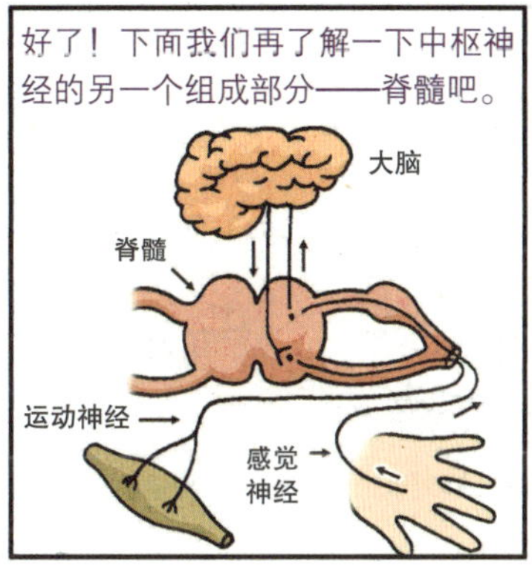
好了！下面我们再了解一下中枢神
经的另一个组成部分——脊髓吧。
大脑
脊髓
运动神经
感觉
神经

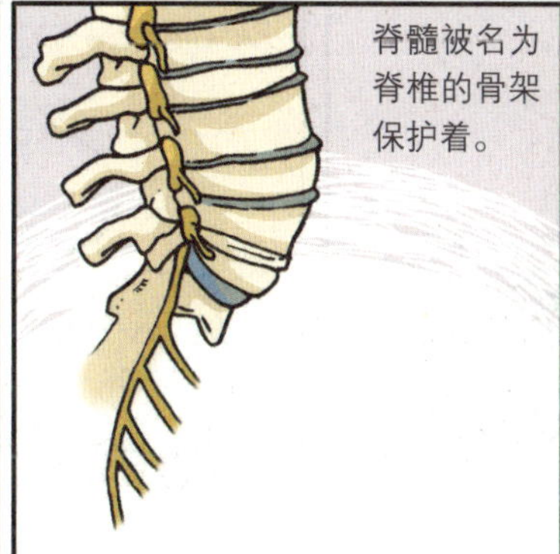
脊髓被名为
脊椎的骨架
保护着。

它的结构与大脑刚好
相反，神经细胞体位
于内侧，而神经突起
都聚集在外侧。

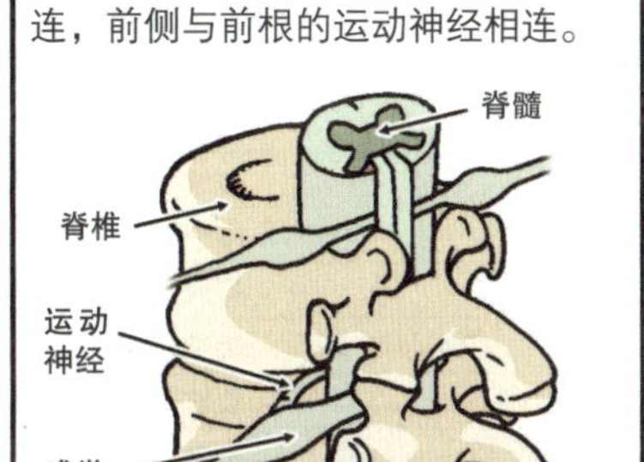
脊髓的后侧与后根的感觉神经相
连，前侧与前根的运动神经相连。
脊髓
脊椎
运动
神经
感觉
神经

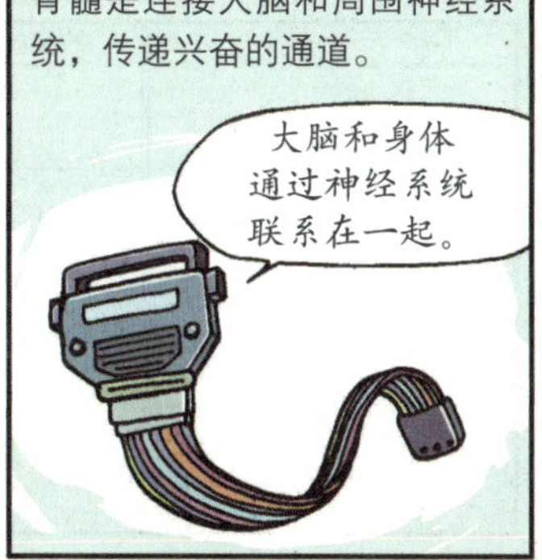
脊髓是连接大脑和周围神经系
统，传递兴奋的通道。
大脑和身体
通过神经系统
联系在一起。

而且它还是瞬间反射运动、膝跳反
射、新生儿的排尿排便等非条件反
射的中枢。
呃
啪

中枢神经的知识点到这里就
整理完了，下面我们再来学习
一下周围神经系统吧。

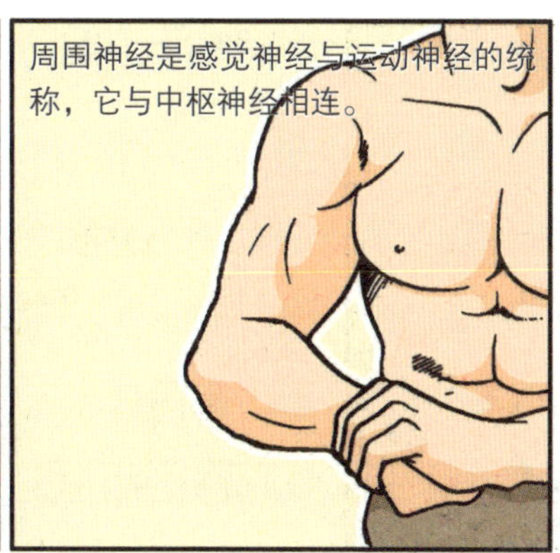
周围神经是感觉神经与运动神经的统
称，它与中枢神经相连。

分为受大脑和脊髓控制的“躯体
神经系统”和受间脑控制的“自
主神经系统(内脏神经系统)”。

躯体神经系统由运动神经和感觉神经组成，而自主神经系统仅由运动神经组成。

因此我们可以把躯体神经系统看作是使一般的刺激和反应成立的渠道。

自主神经系统由交感神经和副交感神经组成，这两种神经下达的命令是彼此对立的，

它们主要分布在内脏、血管和皮肤上。

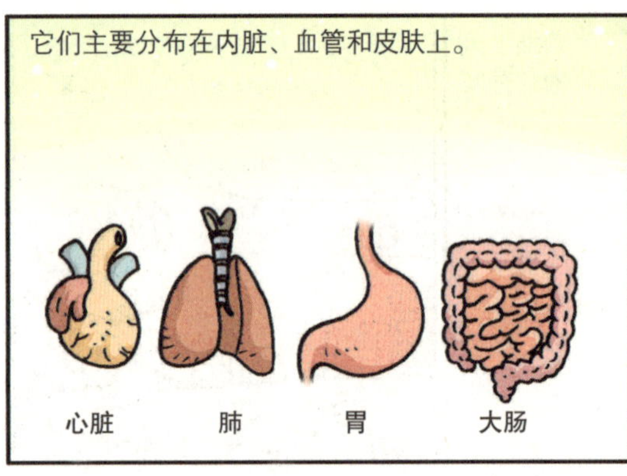

交感神经和副交感神经在同一个部位是成双出现的，

拮抗作用：在彼此对立的作用之间，当A上升时，B相应地减少，当一侧的某种功能变得活跃时，另一侧就对其造成抑制作用，始终维持两者间的对抗性。

	交感神经（紧张型）	副交感神经（放松型）
瞳孔	放大	收缩
唾液的分泌	抑制	促进
支气管	扩张	收缩
呼吸	促进	抑制
心脏搏动	促进	抑制
消化液分泌	抑制	促进
膀胱	扩张	收缩
血压	上升	抑制
血管	收缩	扩张

除了膀胱以外，以上交感神经的作用都可以看作是人在受惊吓时发生的现象，这样理解起来会比较容易。

人类的身体就是依靠交感神经的拮抗作用和后面即将学到的激素来调节稳态的。

下面我们用一张图来描述一下前面学过的整个神经系统吧。

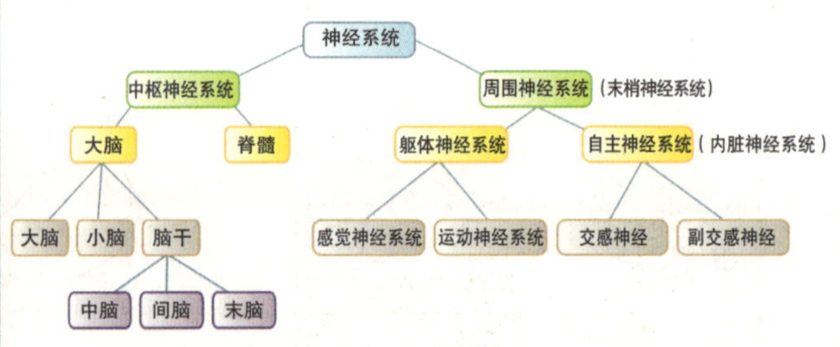

3) 意识活动和反射活动

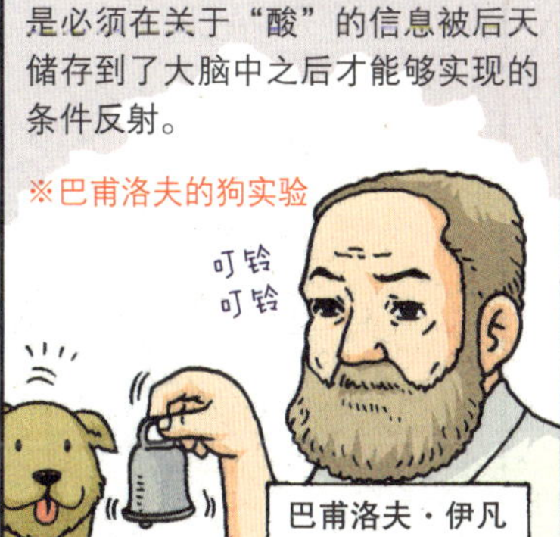

■ 条件反射

刺激→感觉器→感觉神经→大脑→运动神经→反应器。

■ 非条件反射

刺激→感觉器→感觉神经→脊髓（或末脑）→运动神经→反应器。

非条件反射可以分为以脊髓为中枢的反射，以末脑为中枢的反射和以中脑为中枢的反射。

* 末脑反射一般出现在脸部，脊髓反射一般出现在脖子以下的部位。

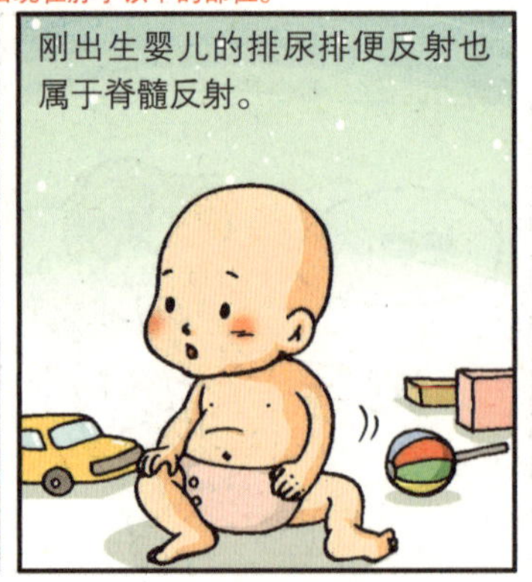

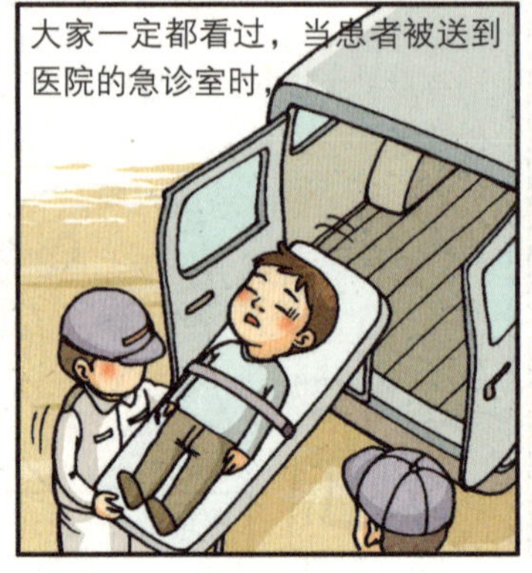

医生这么做是为了检测病人的瞳孔是否会因为强光的照射而出现变化，

所谓的植物人，虽然大脑出现异常，

而脑死亡指的就是脑干无法正常工作，呼吸和心跳都停止的状态。

嘟——

4) 药物

在人们头疼或者生病的时候，

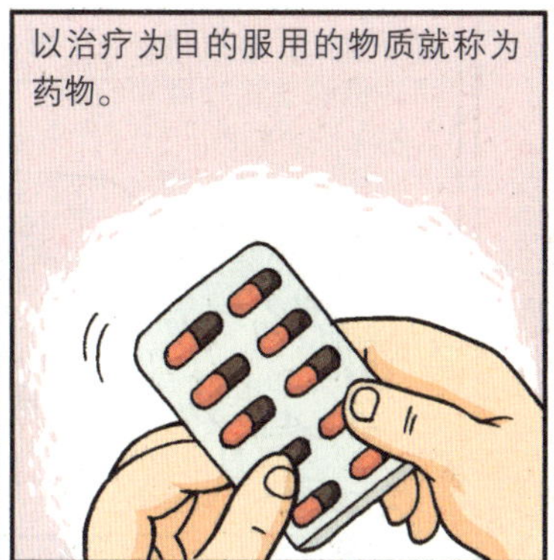

以治疗为目的服用的物质就称为药物。

但是如果经常服用某一种药物，就需要不断地增加服用量才能够得到相同的药效。
这么多啊……

像这样持续不断地服用药物，药效会不断地下降，因此为了得到同样的效果就需要增加服用量或者服用次数，
这种现象称为“耐药性”。
天呐……

另外还有一种是因为药物的习惯性或者中毒性使得人们不断服用，
呜噜噜噜

这种情况称为“依赖性”。

这种情况再严重的话就会演变成慢性中毒，

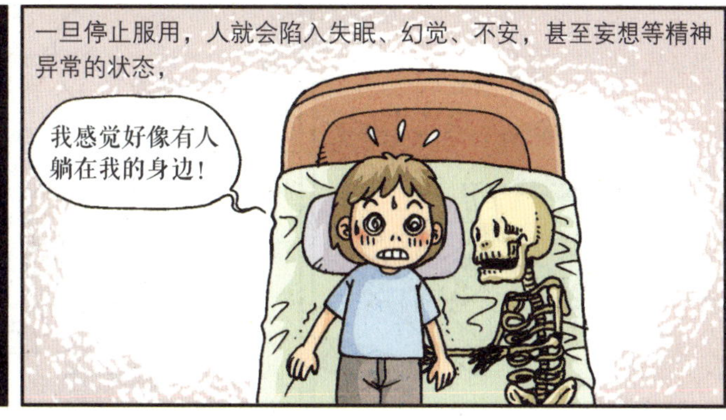

一旦停止服用，人就会陷入失眠、幻觉、不安，甚至妄想等精神异常的状态，
我感觉好像有人躺在我的身边！

还会出现类似痉挛或者疼痛之类的“戒断反应”。
痛苦
痛苦

大多数人出于好奇开始抽烟，久而久之就变成了一种习惯，
烟雾缭绕

日后因为对烟产生了依赖性和对戒断反应的恐惧，使得抽烟的习惯很难戒掉。
还是想抽啊……
禁烟区域

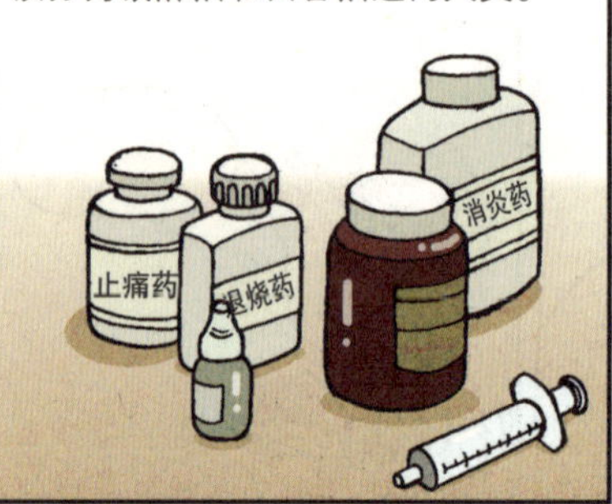
像这种对神经系统产生影响的药物可以分为**镇静剂**和**兴奋剂**这两大类。
止痛药
退烧药
消炎药

镇静剂会对中枢神经产生抑制作用，是能够让呼吸和心跳变慢、血压降低的药物。
啊……
好困啊……
迷糊
迷糊

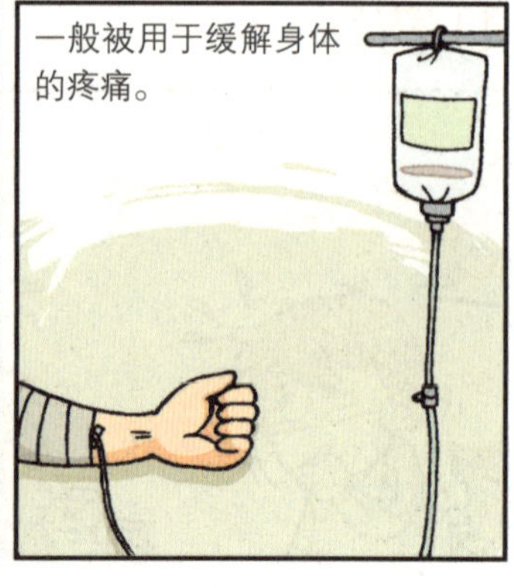
一般被用于缓解身体的疼痛。

安眠药、止痛药和酒精都是属于镇静剂范畴的药物。

相反，**兴奋剂**是能够让中枢神经和周围神经兴奋起来的药物，

它是能够加快心跳和呼吸，让身体维持紧张状态的药物。

咖啡中的咖啡因和香烟中的尼古丁是最具代表性的兴奋剂。
THIS

如果药物被用在错误的用途上称为**药物的误用**。

如果把抹在皮肤上的药物吃进肚子里的话，那肯定就是误用药物咯？
你没看见我的脚气药吗？

但如果把药物用在其他目的上，或者过量使用的话就称为**滥用药物**。

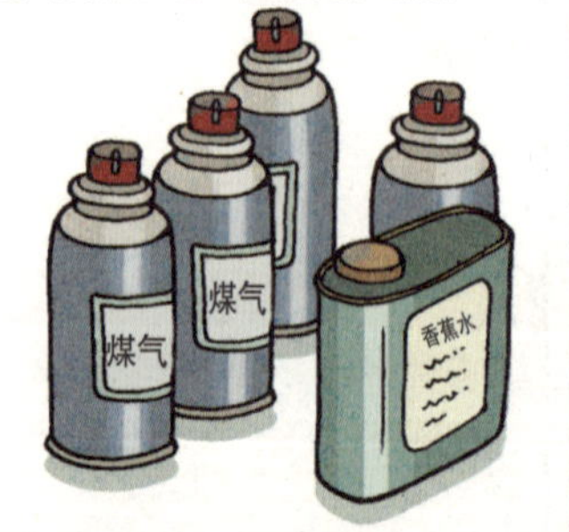
在引起药物滥用问题的药物中像煤气和香蕉水这一类的吸入剂，
煤气
煤气
香蕉水

以及像大麻、LSD这类的毒品或致幻剂都是容易被滥用的药物。

服用了这类药物的人会陷入幻觉中，丧失判断能力，
我们家附近有怪物……
呃呵呵
颤抖

甚至做出非常冲动或具有攻击性的行为，
我要跳下去！

因为对药物有严重的依赖性和中毒性，甚至还会导致其他犯罪的发生。

其中香烟对身体尚未发育成熟的青少年，

以及怀孕中的妇女危害极大，它已经成为了一个社会性的问题。

香烟燃烧的烟雾中含有4000多种化学物质，

其中尼古丁作为一种兴奋剂，吸入体内之后会导致血压上升，心跳加快等症状，

使吸烟者不断产生想要抽烟的欲望，诱发中毒性。
抽烟，抽烟，抽烟，抽烟……

另外，抽烟时产生的一氧化碳还会抑制氧气的正常供给，
你这是要到哪里去啊……
停住
一氧化碳
氧气

香烟中被称为烟油的焦油还可能会诱发癌症。
啪啪

除此之外，香烟中还含有上千种剧毒物质，所以抽烟对身体是非常不好的哦。
呃，呃……那是肯定的咯。

02 神经

- 神经元
- 神经系统
- 意识活动和反射活动
- 药物

1) 神经元

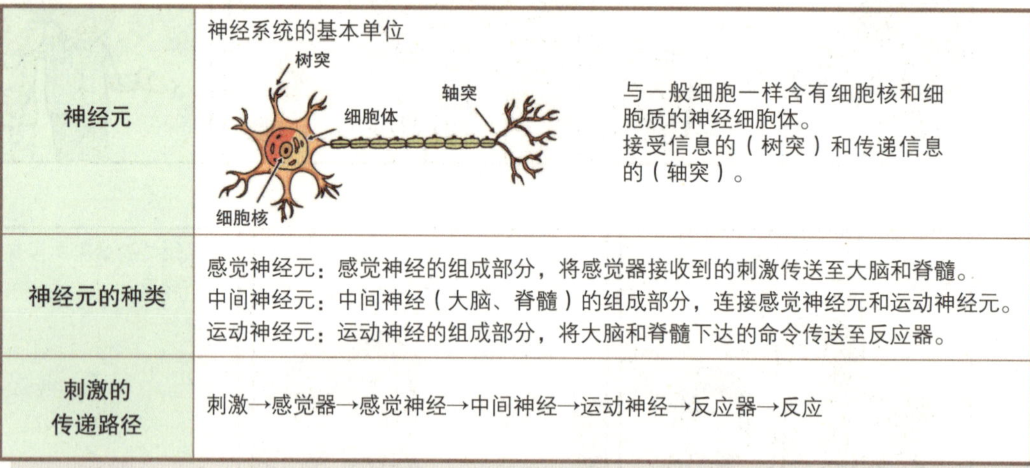

神经元	神经系统的基本单位 与一般细胞一样含有细胞核和细胞质的神经细胞体。 接受信息的（树突）和传递信息的（轴突）。
神经元的种类	感觉神经元：感觉神经的组成部分，将感觉器接收到的刺激传送至大脑和脊髓。 中间神经元：中间神经（大脑、脊髓）的组成部分，连接感觉神经元和运动神经元。 运动神经元：运动神经的组成部分，将大脑和脊髓下达的命令传送至反应器。
刺激的传递路径	刺激→感觉器→感觉神经→中间神经→运动神经→反应器→反应

2) 神经系统

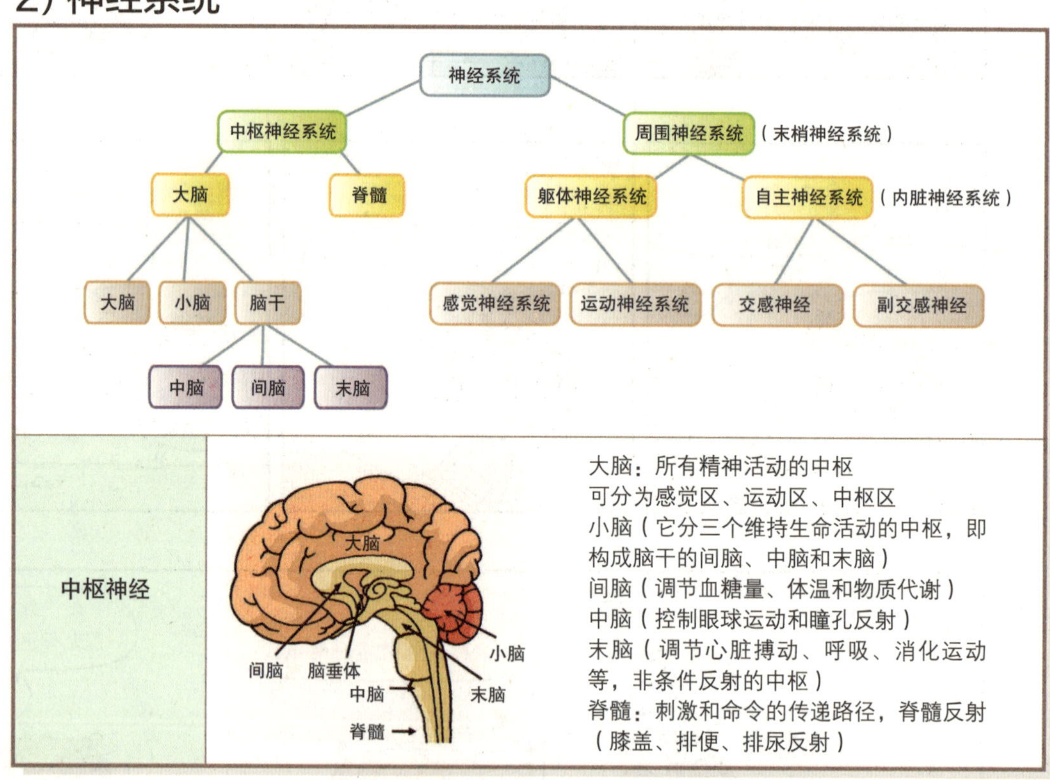

中枢神经	大脑：所有精神活动的中枢 可分为感觉区、运动区、中枢区 小脑（它分三个维持生命活动的中枢，即构成脑干的间脑、中脑和末脑） 间脑（调节血糖量、体温和物质代谢） 中脑（控制眼球运动和瞳孔反射） 末脑（调节心脏搏动、呼吸、消化运动等，非条件反射的中枢） 脊髓：刺激和命令的传递路径，脊髓反射（膝盖、排便、排尿反射）

<table>
<tr><td rowspan="2">周围神经</td><td>躯体神经系统：受大脑和脊髓的支配。
一般的刺激和反应成立的渠道。</td></tr>
<tr><td>自主神经系统：受间脑的支配，交感神经和副交感神经的拮抗作用。
<table>
<tr><th></th><th>交感神经（紧张型）</th><th>副交感神经（放松型）</th></tr>
<tr><td>瞳孔</td><td>放大</td><td>收缩</td></tr>
<tr><td>唾液的分泌</td><td>抑制</td><td>促进</td></tr>
<tr><td>支气管</td><td>扩张</td><td>收缩</td></tr>
<tr><td>呼吸</td><td>促进</td><td>抑制</td></tr>
<tr><td>心脏搏动</td><td>促进</td><td>抑制</td></tr>
<tr><td>消化液分泌</td><td>抑制</td><td>促进</td></tr>
<tr><td>膀胱</td><td>扩张</td><td>收缩</td></tr>
<tr><td>血压</td><td>上升</td><td>抑制</td></tr>
<tr><td>血管</td><td>收缩</td><td>扩张</td></tr>
</table>
</td></tr>
</table>

3）意识活动和反射活动

<table>
<tr><td rowspan="2">反射活动</td><td>反射：对外部刺激产生的无意识的活动。
条件反射：过去的经验变成刺激引起的反应（后天性反射），与大脑有关。
刺激→感觉器→感觉神经→大脑→运动神经→反应器。</td></tr>
<tr><td>非条件反射：在无意识的情况下，
对外部刺激做出的反应（先天性反射），与大脑无关。
刺激→感觉器→感觉神经→脊髓（或末脑）→运动神经→反应器。</td></tr>
</table>

4）药物

<table>
<tr><td>耐药性</td><td>因为反复服用相同的药物，人体对药物产生了抵抗力，最终导致药效逐渐下降的现象。</td></tr>
<tr><td>依赖性</td><td>为了逃避不安的情绪，或者消除身体上的疼痛，决定持续或者周期性地服用药物的心理状态。</td></tr>
<tr><td>戒断反应</td><td>对药物产生慢性中毒之后，突然停止服用药物时，服药者陷入的失眠、幻听、不安、妄想等精神异常的状态，或者出现痉挛、疼痛等症状。</td></tr>
<tr><td>镇定剂</td><td>抑制中枢神经的药物。例如，安眠药、麻醉剂、酒精等。</td></tr>
<tr><td>兴奋剂</td><td>使中枢神经和周围神经兴奋的药物。例如，咖啡的咖啡因和香烟的尼古丁等。</td></tr>
<tr><td>误用和滥用</td><td>误用——错误地使用药物。
滥用——将药物用于其他目的或者过量使用。</td></tr>
<tr><td>香烟</td><td>含有4000余种剧毒性化学物质。
尼古丁——一种兴奋剂，使血压升高，心脏加快，并且具有中毒性。
一氧化碳——妨碍氧气供给。
焦油——烟油，诱发癌症。</td></tr>
</table>

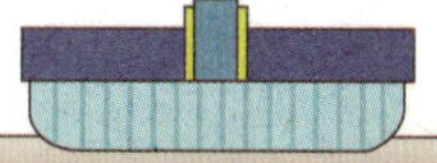

3.激素

1) 激素的特性和种类

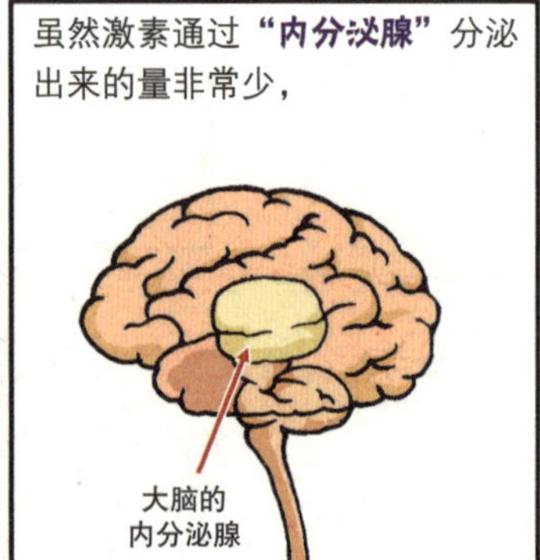

分泌像唾液这种消化液的唾腺属于“外分泌腺”，它们是通过导管在一定部位分泌的，

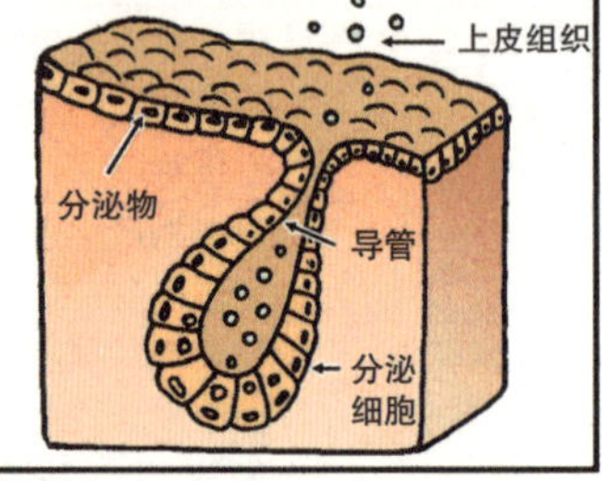

激素是通过甲状腺、脑下垂体等内分泌腺分泌到血液中之后进行循环的，

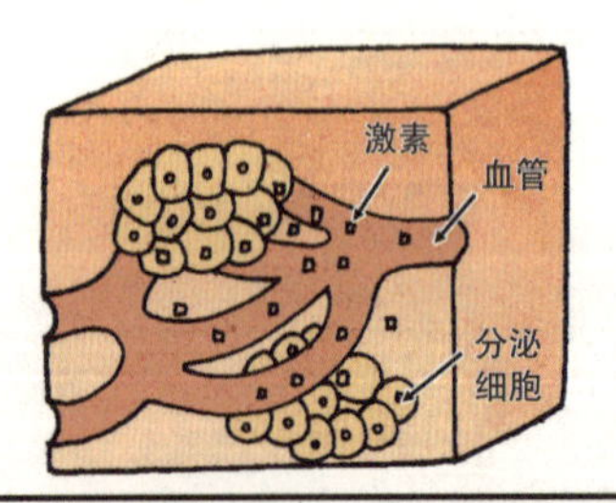

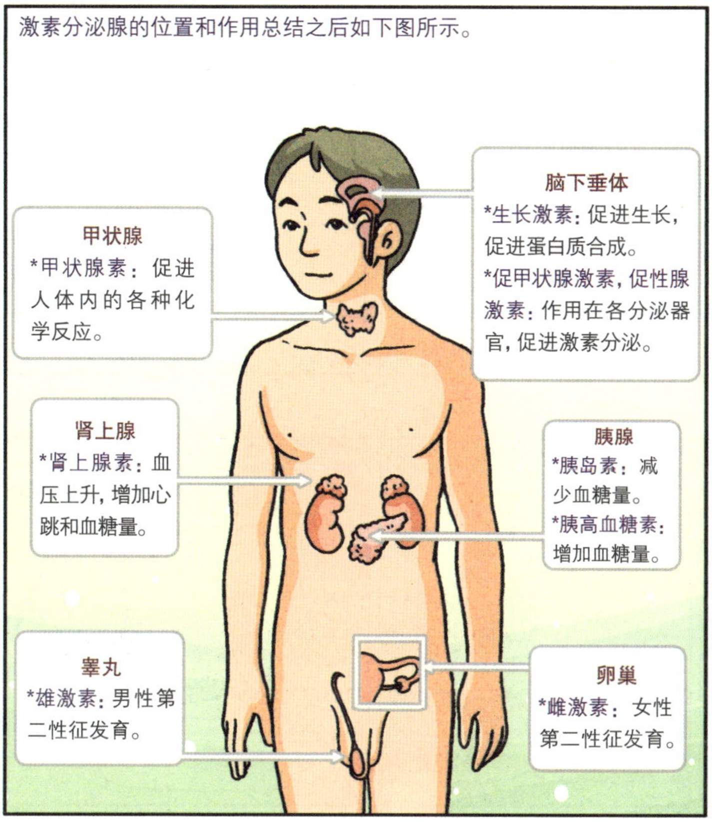

激素分泌腺的位置和作用总结之后如下图所示。

脑下垂体
*生长激素：促进生长，促进蛋白质合成。
*促甲状腺激素，促性腺激素：作用在各分泌器官，促进激素分泌。

甲状腺
*甲状腺素：促进人体内的各种化学反应。

肾上腺
*肾上腺素：血压上升，增加心跳和血糖量。

胰腺
*胰岛素：减少血糖量。
*胰高血糖素：增加血糖量。

睾丸
*雄激素：男性第二性征发育。

卵巢
*雌激素：女性第二性征发育。

如左图所示，人体的特定器官或组织会分泌出多种不同的激素，

这些激素只有在合适的时机，分泌出合适的量时，我们的身体才能够维持正常的功能。

各种激素的缺乏症和过多症如下表所示。

内分泌腺	主要激素	缺乏症(-) 过多症(+)
脑下垂体	生长激素	(+)巨人症，肢端肥大症 (-)矮小症
	促甲状腺激素	(-)甲状腺机能减退症
甲状腺	甲状腺素	(-)呆小病，甲状腺肥大症 (+)巴塞杜氏病
胰腺（胰岛）	胰岛素	(-)糖尿病
	胰高血糖素	(+)糖尿病
肾上腺	肾上腺素	(+)糖尿病

2) 激素的分泌调节

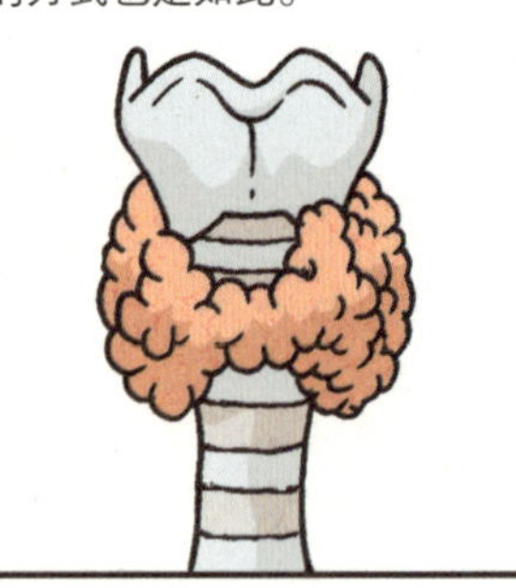

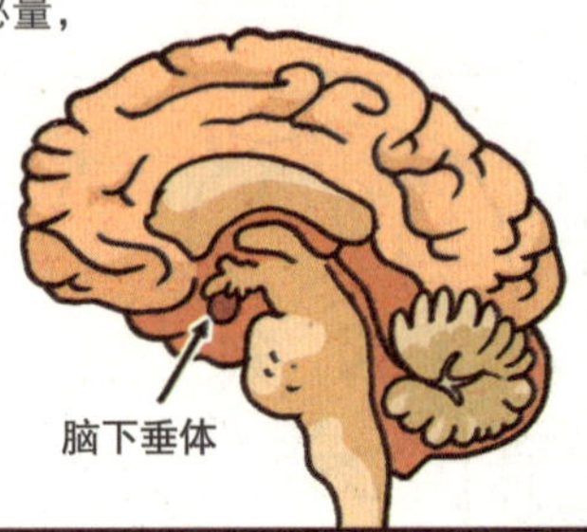

在外界环境产生变化时，使身体维持一定状态的维持稳态作用，

咻呜

以间脑为中枢的自主神经的拮抗作用，以及激素自身的反馈调节作用，这三种作用对维持生命体的活动起到了关键性的作用。

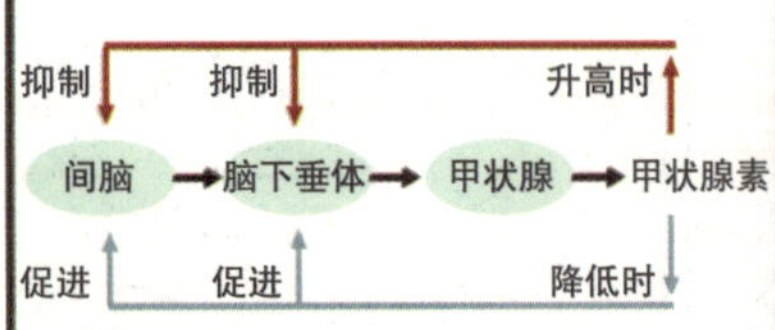

维持稳态作用可以举调节体温、调节体内液体浓度等为例，

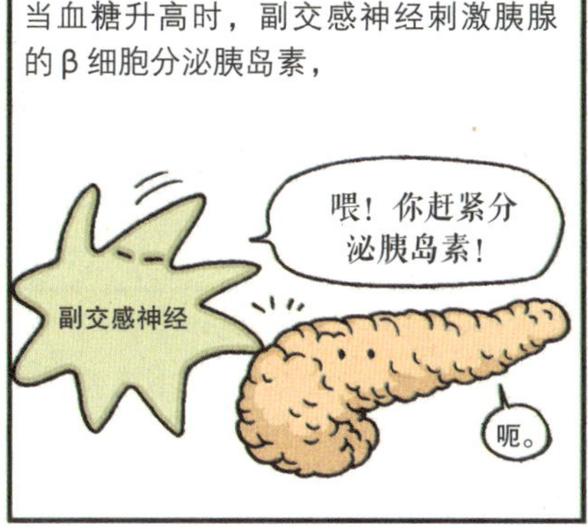

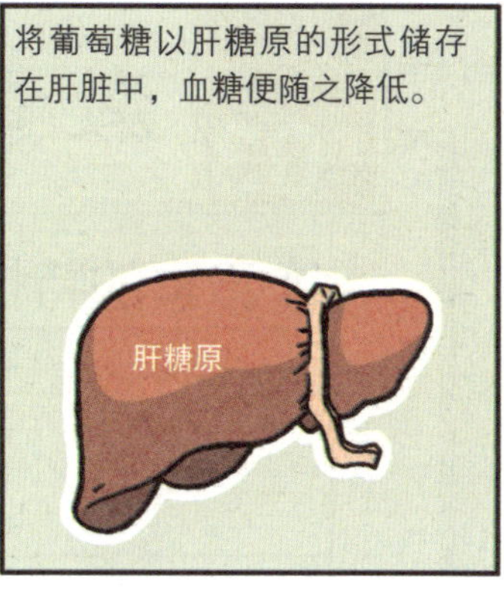

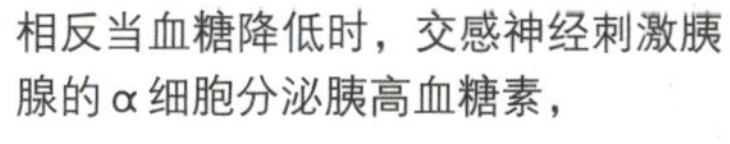

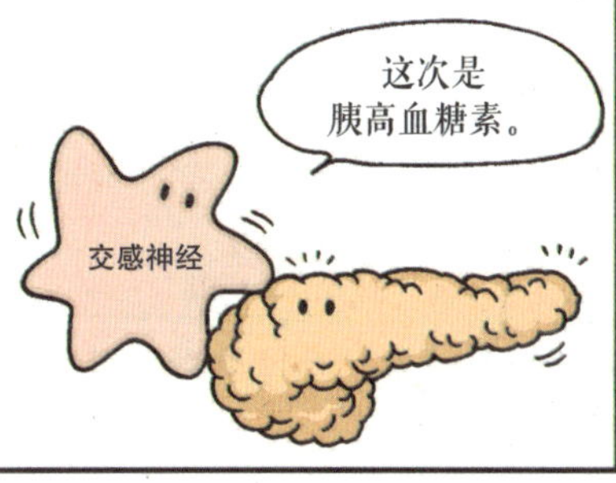

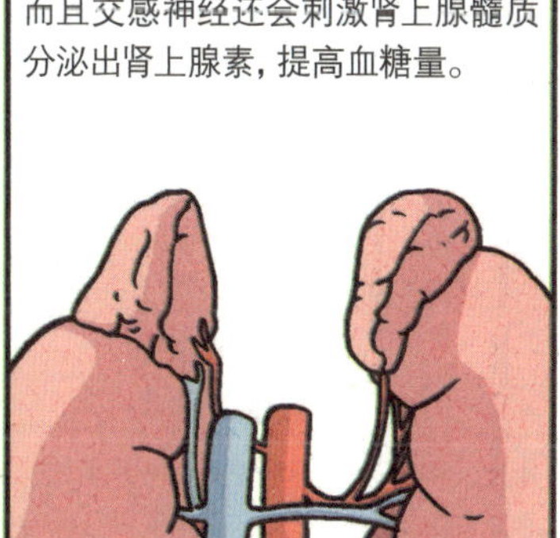

目前为止讲的内容可以用下面这张图进行整理。

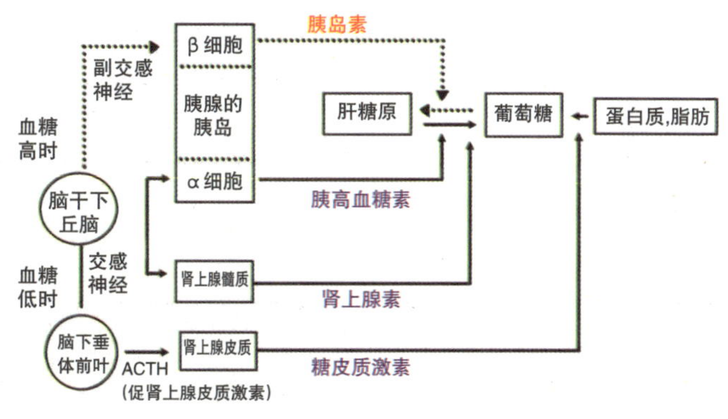

03 激素

· 激素的特性和种类
· 激素的分泌和调节

1) 激素的特性和种类

激素	由内分泌腺制造的化学物质。
特征	通过微量的激素调节生理作用（缺乏症，过多症）。 根据激素种类的不同作用在不同的器官（靶器官）。 相同物种间激素无法作为抗原使用。
内分泌腺和激素的种类	脑下垂体 *生长激素：促进生长，促进蛋白质合成。 *促甲状腺激素，促性腺激素：作用在各分泌器官，促进激素分泌。 甲状腺 *甲状腺素：促进人体内的各种化学反应。 肾上腺 *肾上腺素：血压上升，增加心跳和血糖量。 胰腺 *胰岛素：减少血糖量。 *胰高血糖素：增加血糖量。 睾丸 *雄激素：男性第二性征发育。 卵巢 *雌激素：女性第二性征发育。

缺乏症和过多症

内分泌腺	主要激素	缺乏症(-) 过多症(+)
脑下垂体	生长激素	(+)巨人症，肢端肥大症 (-)矮小症
	促甲状腺激素	(-)甲状腺机能减退症
甲状腺	甲状腺素	(-)呆小病，甲状腺肥大症 (+)巴塞杜氏病
胰腺（胰岛）	胰岛素	(-)糖尿病
	胰高血糖素	(+)糖尿病
肾上腺	肾上腺素	(+)糖尿病

2) 激素的分泌调节

<table>
<tr><td>激素的
分泌调节</td><td>以脑下垂体为中心，根据反馈调节原理进行控制。
例：胰岛素的分泌调节 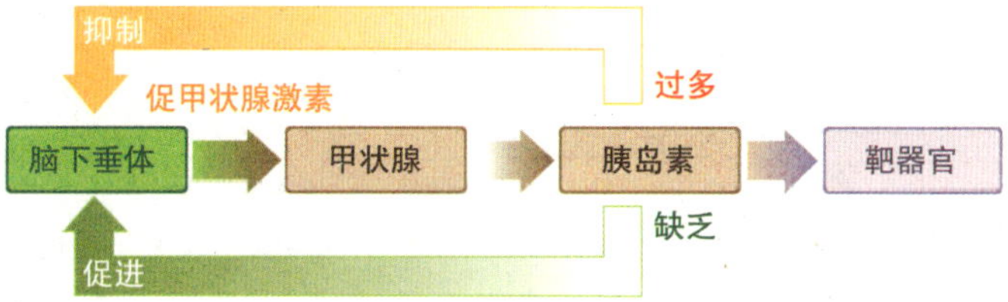
</td></tr>
<tr><td>稳态</td><td>即使外部或身体内部环境发生变化，始终尝试维持一定内部环境的性质。
维持激素和神经系统之间的相互作用。</td></tr>
</table>

稳态调节的案例

血糖量调节（血中浓度维持0.1%）

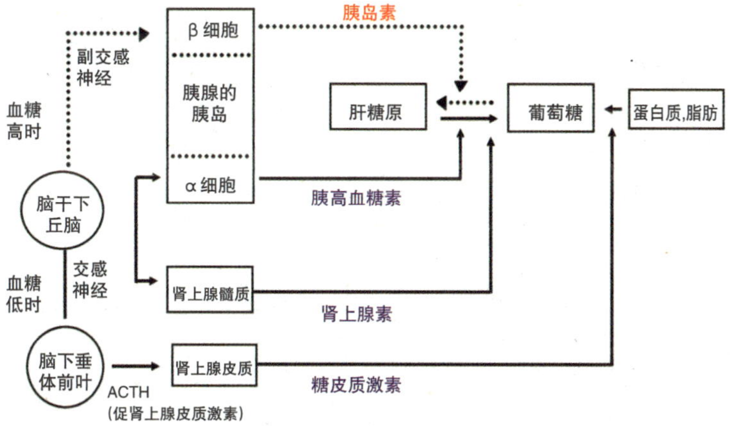

Ⅵ.生殖和发育

尤美，一起走啦！
OO 补习班

硕基啊……
嗯？

怎么了?！尤美的表情好像不太对啊！
冷淡……

难道是和任哲吵架了？
S
P
Fe

嘿嘿，那我就要去逗尤美开心，抓住机会好好表现一下了。
?

你在做什么啊？
转身……

尤美呀啊啊啊啊！
惊喜

……

我先走了。
啊啊啊啊……

怎么了嘛？到底是出什么事了？
你当然不知道了。

呃啊，你什么时候来的！
有什么大惊小怪……

现在尤美是因为她的宠物小狗“哈皮”死了，正处于伤心的状态中呢……

这个姐姐是怎么知道的？
无意间知道的。

呃
呃
我竟然都不知道，还做了那么傻的事情……

确实是很傻。
你是从什么时候开始偷看的？真是太过分了……

这有什么过分的？
哎呀！
嘭

可是……哈皮那家伙为什么会死嘛，害得我的尤美那么伤心。

那是因为所有的生物出生之后都会逐渐走向死亡。
这个我也知道……

虽然人的力量是有限的，但是人类的力量却是不受限制的。

哎呦，你这是从哪里看过来的句子？你知道这句话是什么意思吗？
哼！

这……这个嘛……人的力量是有限的……就是说……呃……
尴尬

这句话的意思是说虽然所有的生命，在出生之后只能存活一定的时间就会死去……

但是却可以通过繁殖同类使生命不断地延续和发展下去。

甚至于像蜉蝣这种生物虽然只有一天的生命，但我们每年都能够看到它们，

原因就是它们繁殖了子孙后代，使得生命本身能够一直延续。

这种生殖现象可以分为只进行单纯复制的无性生殖和由两个特定的遗传因子结合而产生的……
等一下！

你这就要给我上课啊？
有疑问的时候立刻进行深入的了解是最好的学习啊。

我今天没有心情学习！因为看到尤美悲伤的表情……
什么？
转头

少给我找一些乱七八糟的理由。
啊啊啊啊
拉长

切！姐姐肯定是嫁不出去的。
你什么意思？

还能是什么意思……因为姐姐嫁人之后肯定会生出一个跟姐姐一样有暴力倾向的孩子……

等……等一下，我刚才都说了些什么？
哗啦啦啦

哎呀，救命啊，姐姐！
你给我站住！

1.细胞分裂

1) 细胞分裂

刚出生的婴儿体重仅为3.5kg左右，
3.5kg

然而成人的体重却可以达到50kg~60kg。

但并不是说人长大之后细胞的大小就变大了，
那我的细胞得多大呀？

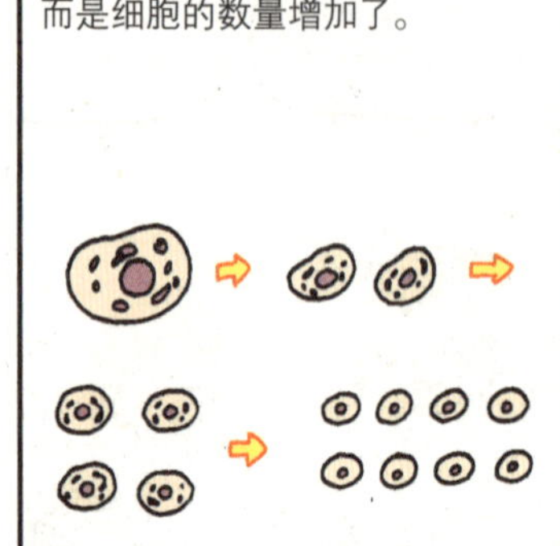
而是细胞的数量增加了。

事实上婴儿的身体是由3兆个左右的细胞组成的，

成人的细胞总数可以达到60兆。
这个数字到底是怎么数出来的？
? ?

那么为什么人长大之后细胞体积不会变大，而只是数量增多了呢？
因为这样能够让物质的进出更加高效。

下面我们就通过实验来证明一下吧。

首先在烧杯中放入水和琼脂粉，加热溶解后冷却……

待琼脂凝固之后，切出两个正六面体。

切的时候注意大的琼脂块边长为3cm，小的边长为1cm。

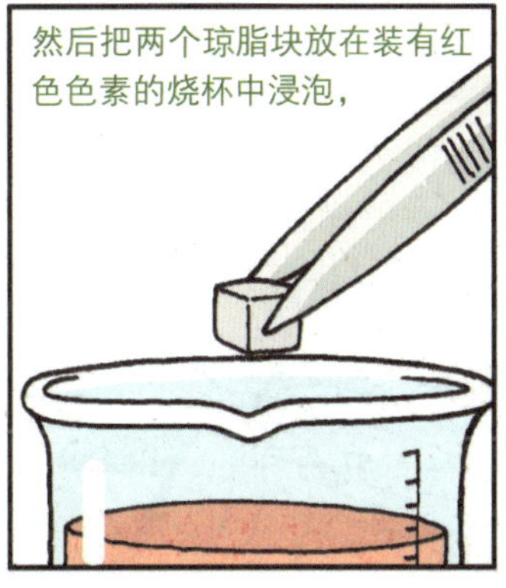
然后把两个琼脂块放在装有红色色素的烧杯中浸泡，

10分钟后，取出大小不同的两个琼脂块用水清洗干净，

最后用刀从中间切开，观察琼脂块染色部分的厚度就可以了。

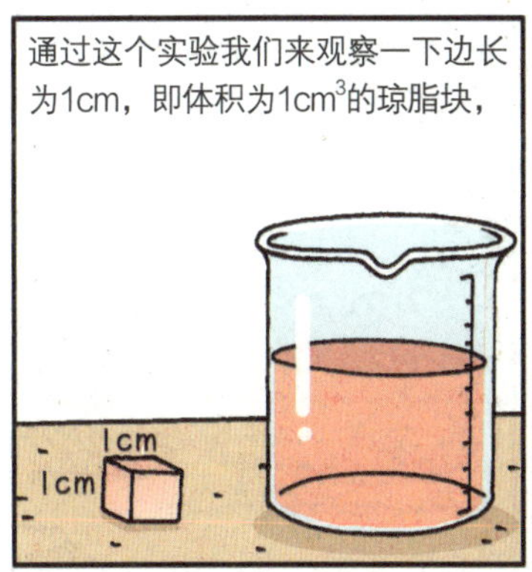
通过这个实验我们来观察一下边长为1cm，即体积为1cm³的琼脂块，
1cm
1cm

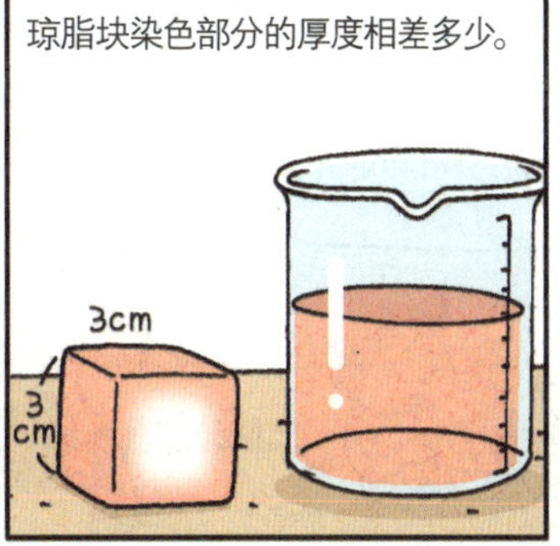
与边长为3cm，即体积为27cm³的琼脂块染色部分的厚度相差多少。
3cm
3cm

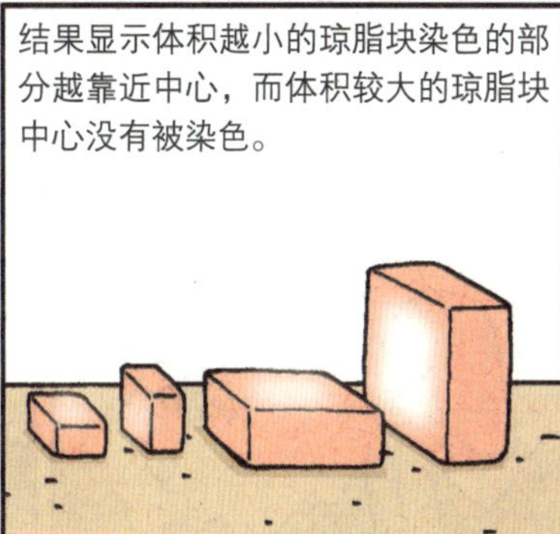
结果显示体积越小的琼脂块染色的部分越靠近中心，而体积较大的琼脂块中心没有被染色。

如果假设这个琼脂块就是我们体内的细胞，那么当细胞体积达到一定程度时，
这是什么东西？
啊！

细胞内部和外部的物质交换就无法顺利进行。
原来如此。

因此当细胞体积长到一定程度时就会分裂成两个细胞。
这就是所谓的“细胞分裂”。
唰拉

细胞分裂可以分为体细胞分裂和生殖细胞分裂两种类型。

体细胞是指构成身体的普通细胞，
我是通过细胞复制出生的克隆羊多莉。

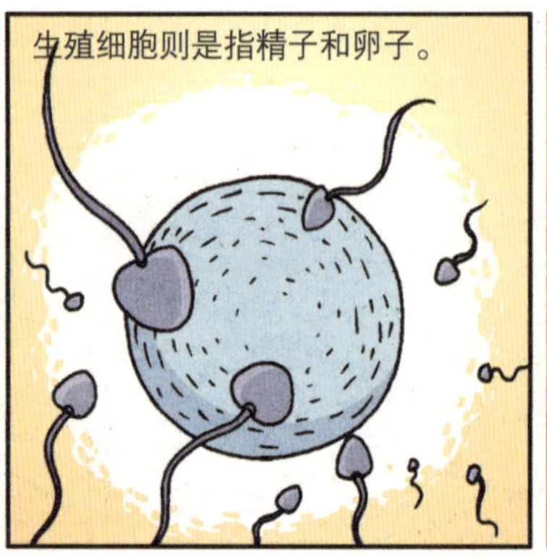
生殖细胞则是指精子和卵子。

植物花粉中的精核和胚珠中的卵细胞也属于生殖细胞。

生物的身体通过体细胞分裂成长，
你比几天前看到的时候长大了不少呢？
嗡

另外，受伤时体细胞分裂能够让伤口愈合。
不要担心，体细胞分裂会帮你解决问题的。

体细胞分裂还能够让断尾壁虎的尾巴再生。

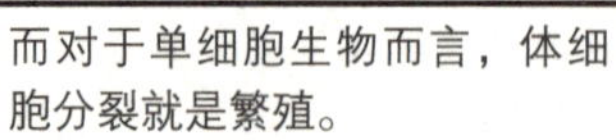
而对于单细胞生物而言，体细胞分裂就是繁殖。

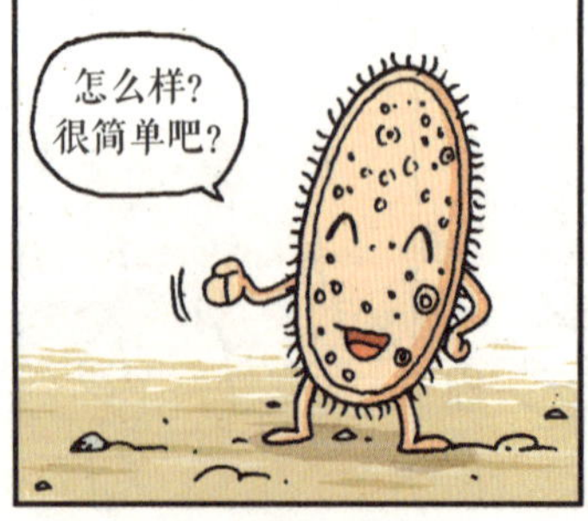
怎么样？很简单吧？

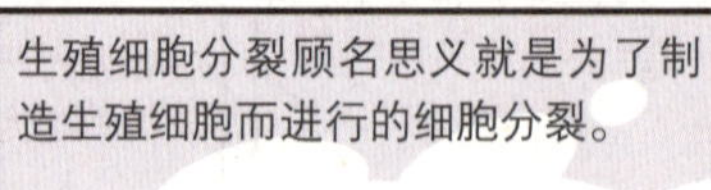
生殖细胞分裂顾名思义就是为了制造生殖细胞而进行的细胞分裂。

这个我们在后面还会仔细讲到，所以我们还是先来学习体细胞分裂吧。

2) 体细胞分裂

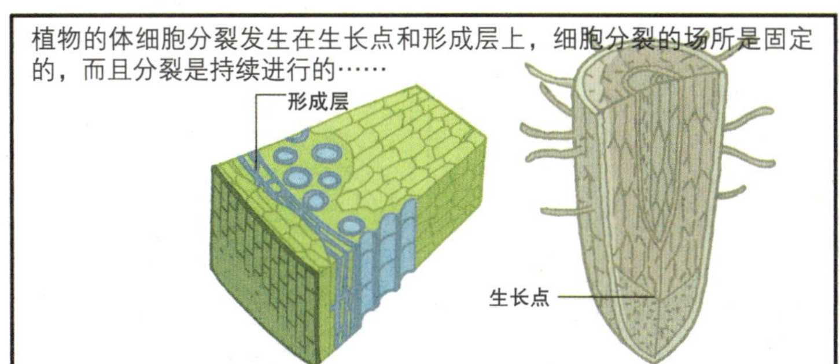

植物的体细胞分裂发生在生长点和形成层上，细胞分裂的场所是固定的，而且分裂是持续进行的……
形成层
生长点

动物的细胞分裂发生在所有的体细胞上，

小的时候生长速度较快，但是随着时间的流逝
衣服太窄了啦！
是你长得太快了。

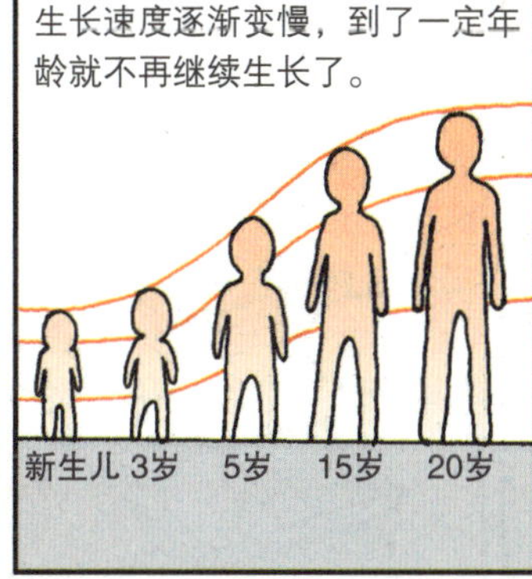

生长速度逐渐变慢，到了一定年龄就不再继续生长了。
新生儿 3岁 5岁 15岁 20岁

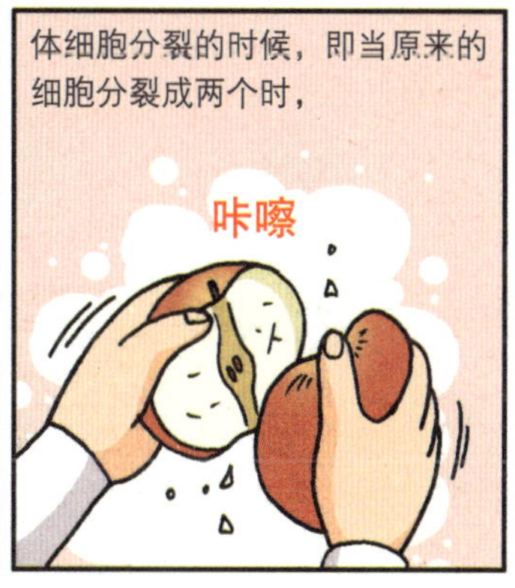

体细胞分裂的时候，即当原来的细胞分裂成两个时，
咔嚓

原来细胞的细胞核也会一分为二吗？

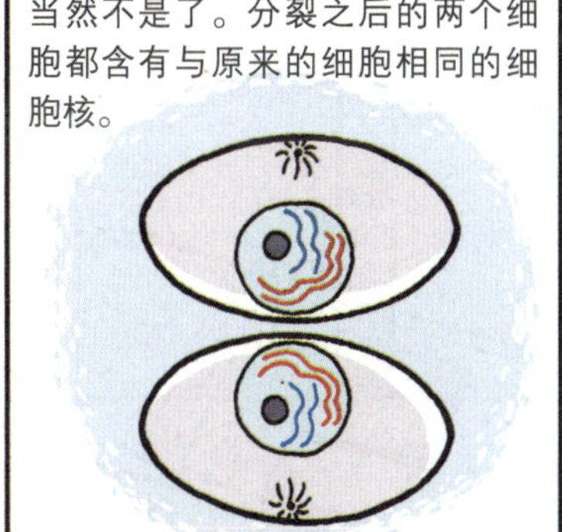

当然不是了。分裂之后的两个细胞都含有与原来的细胞相同的细胞核。

只有这样才可以维持细胞的正常活动。
又只给自己吃……
昂昂

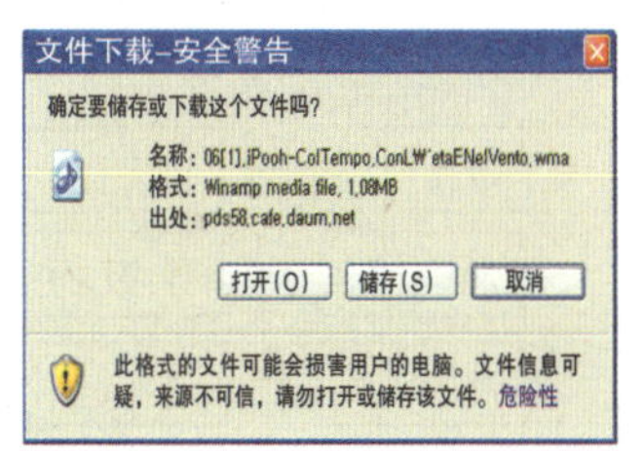

细胞储存在细胞核中的信息就像我们用电脑写完资料之后储存起来一样。
文件下载-安全警告
确定要储存或下载这个文件吗？
格式：Winamp media file, 1.08MB
出处：pds58.cafe.daum.net
打开(O)
储存(S)
取消
此格式的文件可能会损害用户的电脑。文件信息可疑，来源不可信，请勿打开或储存该文件。危险性

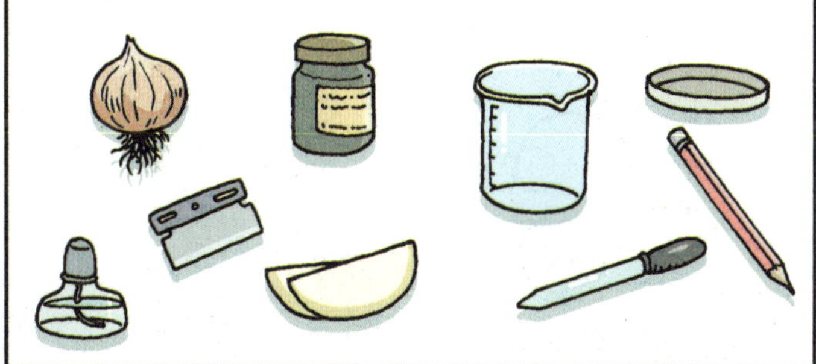

细胞是如何分裂为两个一模一样的细胞的？让我们通过实验来观察一下吧。

1.在玻璃杯中装满水，把洋葱浸泡在水中让根生长一段时间。

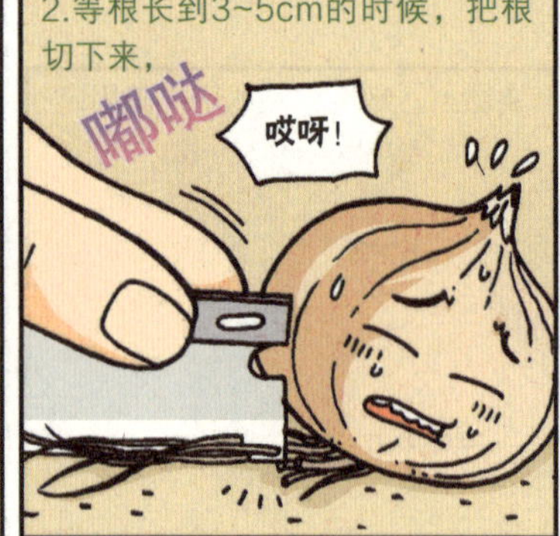

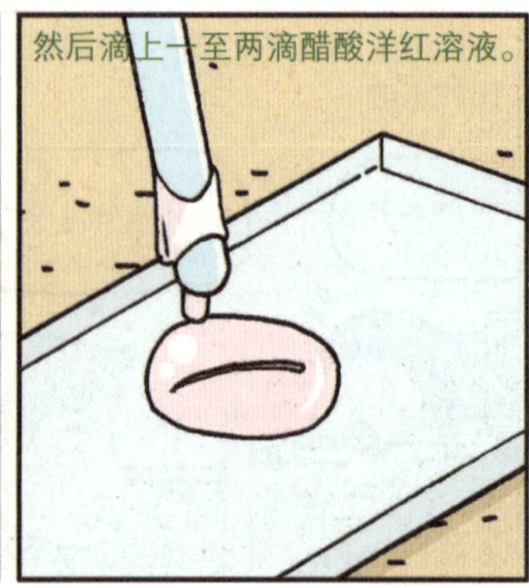

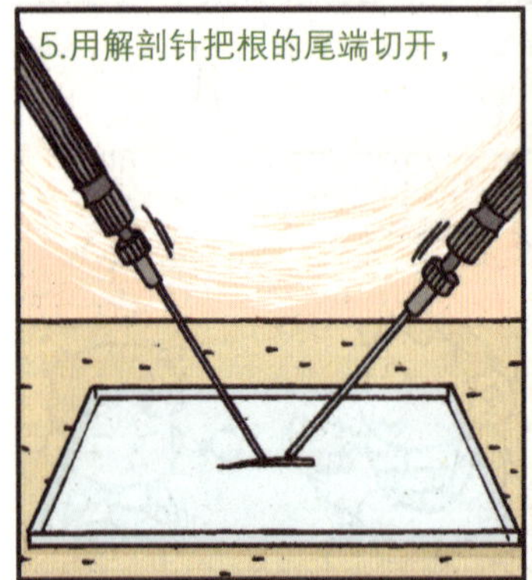

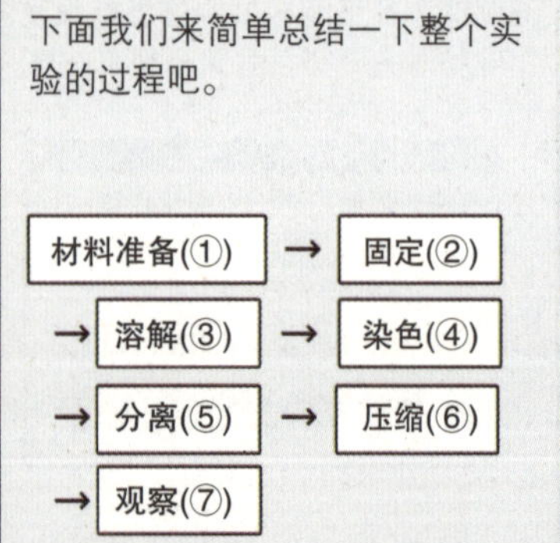

首先在实验准备过程中以洋葱根为原材料，
是因为容易买到吗？

是因为根部有生长点，会发生体细胞分裂。

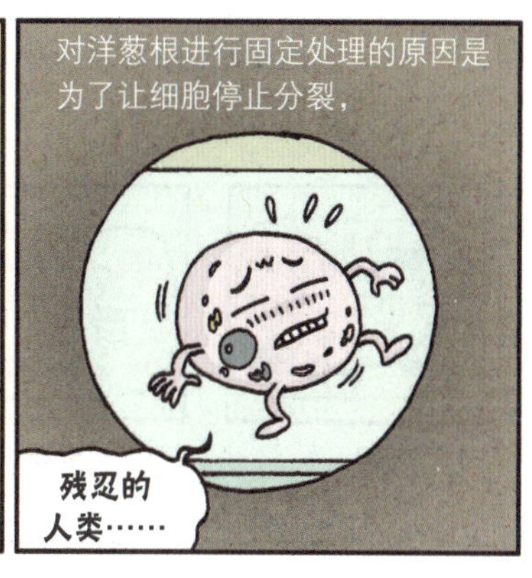
对洋葱根进行固定处理的原因是为了让细胞停止分裂，
残忍的人类……

让细胞尽可能停留在与细胞分裂时相同的状态，
我曾经也是活着的！

溶解过程是为了让根部的组织变软，
柔软
柔软

这样在接下来的分离过程中，细胞就能够更加轻松地一个个分离开来。

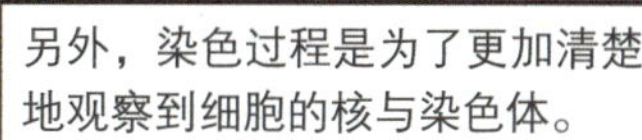
另外，染色过程是为了更加清楚地观察到细胞的核与染色体。

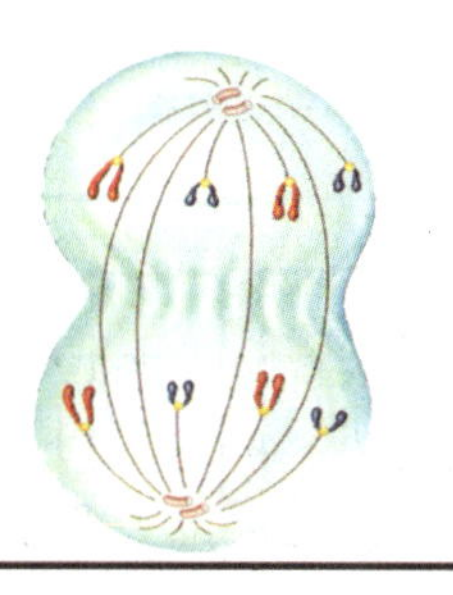

分离和压缩过程则是为了防止细胞重叠，让细胞能够均匀地铺成一层。

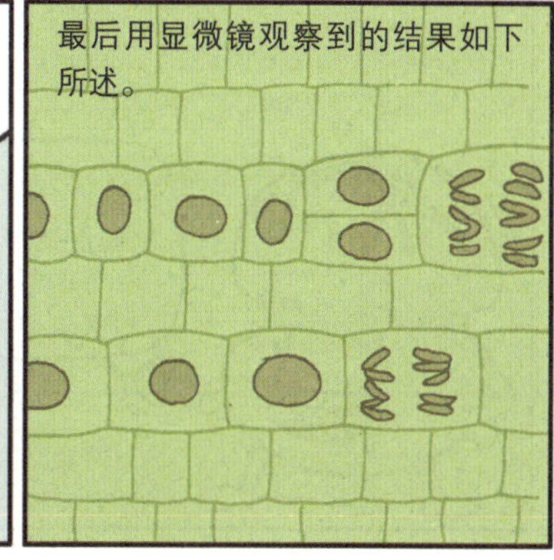
最后用显微镜观察到的结果如下所述。

怎么样？是不是能看到一些形状大小规则且细胞核非常明显的细胞，

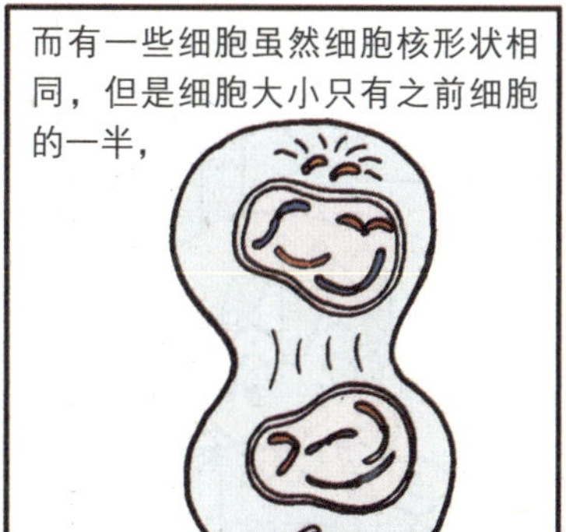
而有一些细胞虽然细胞核形状相同，但是细胞大小只有之前细胞的一半，

还有一些细胞直接是观察不到细胞核的存在……
嗯，是真的呢！

另外，我们还可以观察到一些丝状或条状的物质。

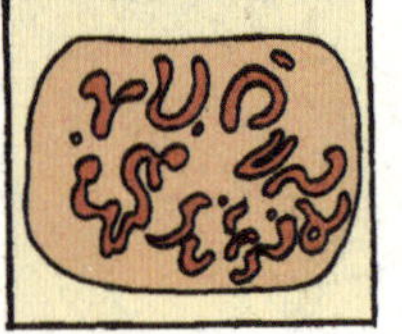

前期

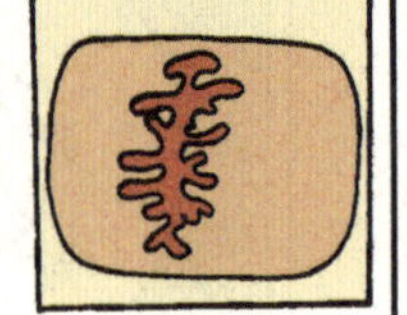

后期

它们被称作**“染色体”**。

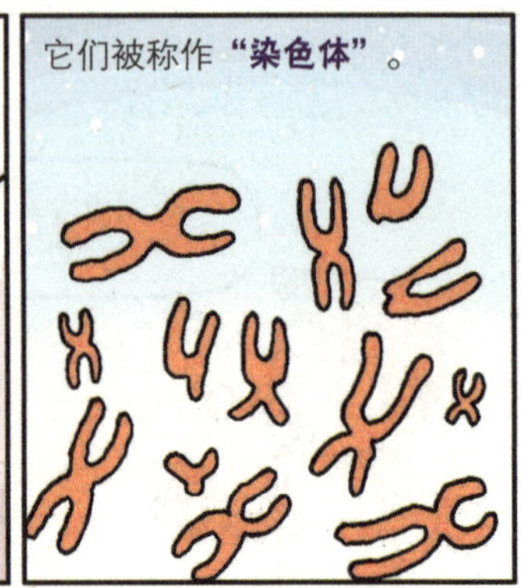

如上所述，在实验中我们会观察到许多形态不同的细胞，那是因为细胞的每个分裂过程都是不同的。

间期　前期　中期　后期　末期　两个子细胞

虽然细胞分裂的过程是持续不间断的，

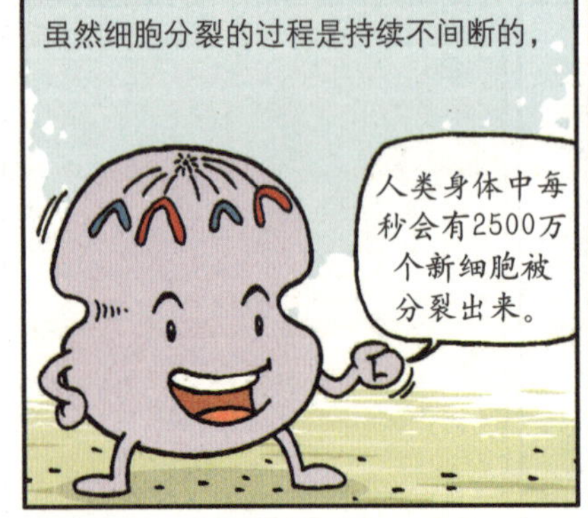

但是我们可以根据染色体的形状和动态将细胞分裂过程分为以下几个阶段。

在核分裂完成之后，细胞质再一分为二就形成了两个子细胞。

在细胞分裂的间期，即核分裂发生之前，核膜与核仁会变得更加清晰，

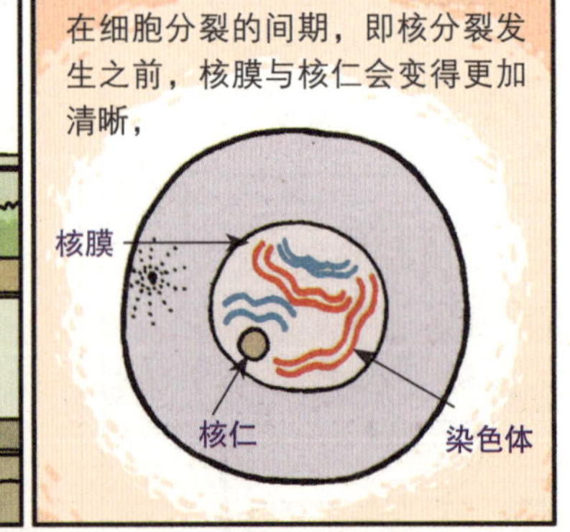

也就是说在核分裂发生之前，细胞核内的物质就已经复制好了。
嗡

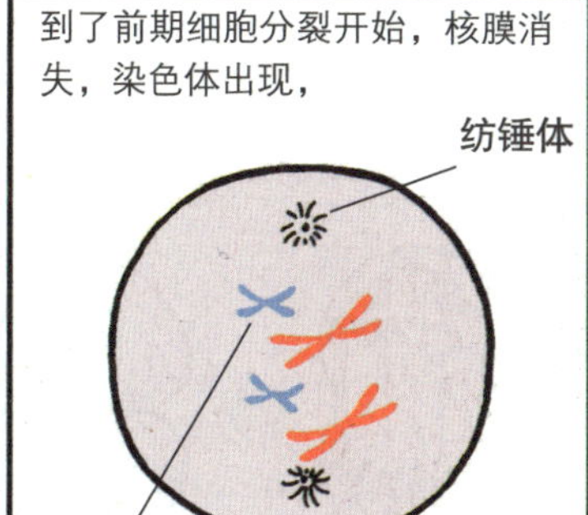
到了前期细胞分裂开始，核膜消失，染色体出现，
纺锤体
染色体

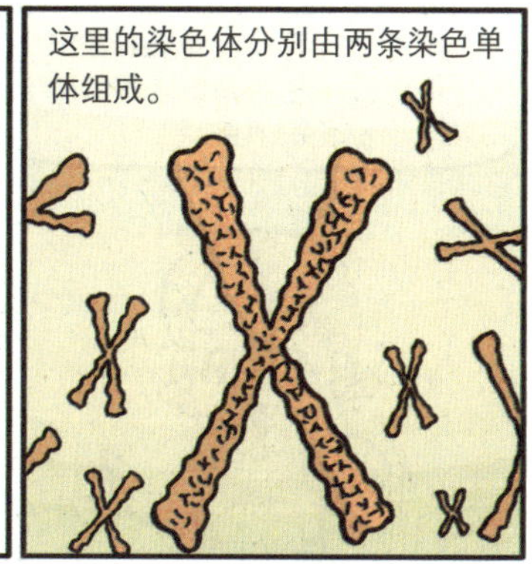
这里的染色体分别由两条染色单体组成。

另外，在分裂前期，细胞两极的纺锤体也已经开始成形。

到了中期，每条纺锤丝各带领 条染色体排列在细胞的中间位置，

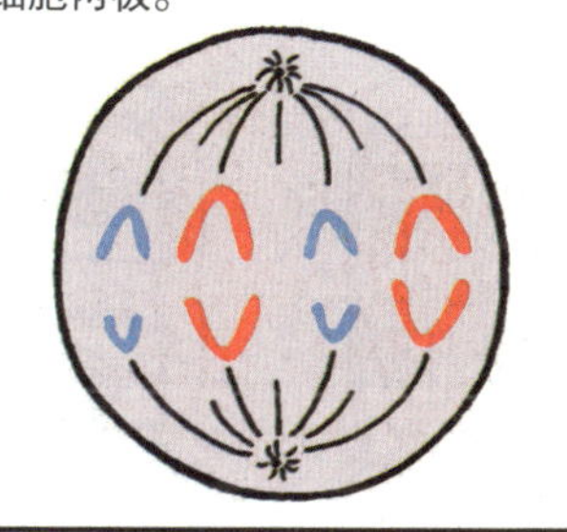
后期各个染色体的两条染色单体分开，在纺锤丝的牵引下，分别移向细胞两极。

这样一个细胞就分成了两个一模一样的细胞了吧？
嗯。

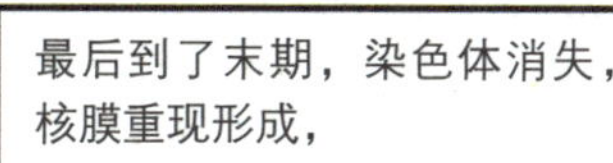
最后到了末期，染色体消失，核膜重现形成，

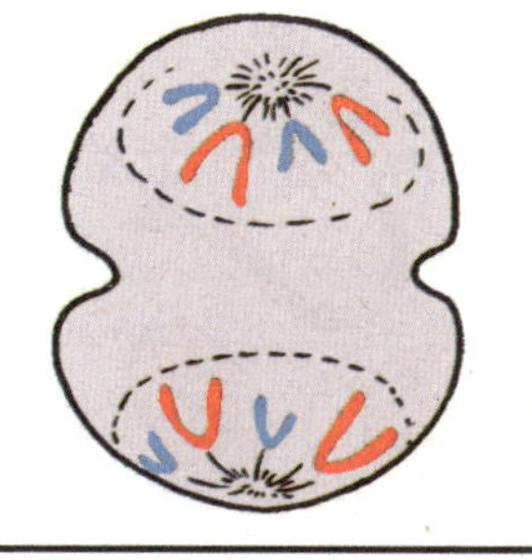

两个完全相同的细胞核就诞生了。

而虽然已经有了两个细胞核，但细胞依然是一个。
所以接下来还要进行细胞质分裂，即原来的细胞质也要一分为二。

到这里我们才能说细胞分裂产生了两个细胞。

然后进入新的一个间期，细胞在这个时期成长到原来的大小，准备下一次分裂。
好忙啊。忙死了。
哒哒……

但是大家要知道动物细胞和植物细胞的细胞质分裂方式是不同的。

动物的细胞没有坚硬的细胞壁，因此是从细胞中间位置开始凹陷，细胞质由外向内一分为二，

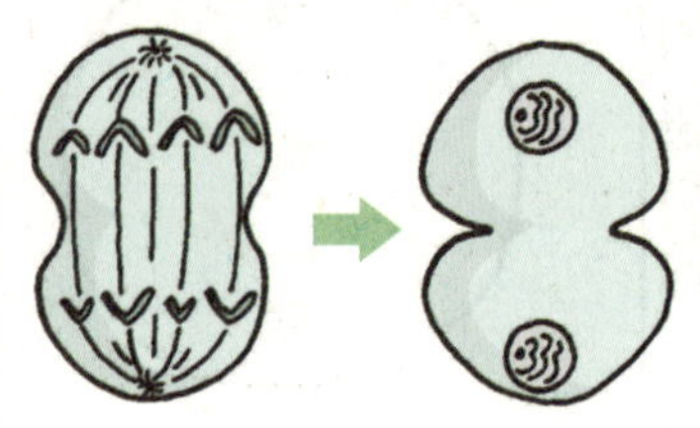

而植物的细胞因为有细胞壁，所以是在细胞中间生出细胞板，

通过细胞板的生长，将细胞质由内向外一分为二。

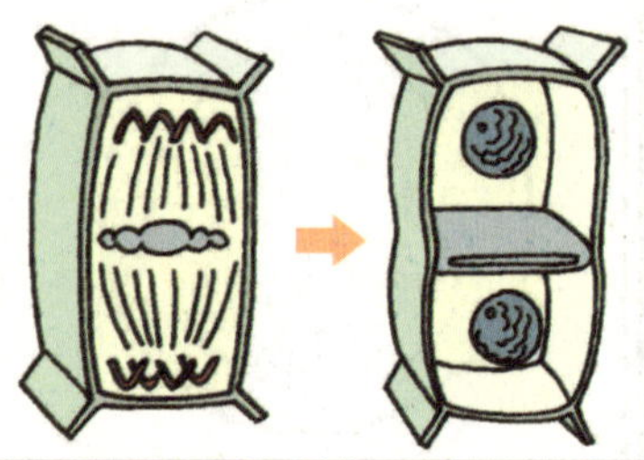

如上所述，人体中的细胞在存活期间反复地进行生长和分裂，

像这样的细胞生活周期被称为细胞周期。

这里的细胞周期是指从细胞分裂产生的新细胞的生长开始到下一次细胞分裂形成子细胞的过程，

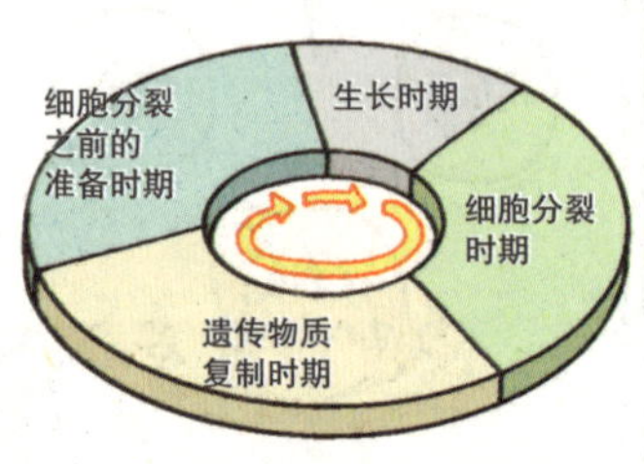

而且不同种类的细胞完成一个细胞周期所需要的时间也是不同的。

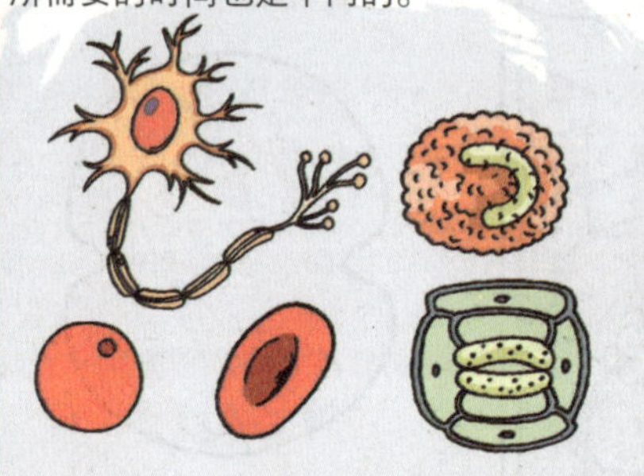

在这整个周期中，时间最长的就是间期。

要长到原来细胞的大小，还要复制细胞核进行分裂的准备工作，时间当然会长一些啦。

另外，还有一点要记牢的就是在细胞分裂过程中耗时最长的阶段是前期，

就是第一次看到染色体的时期。

虽然中期的耗时是最短的，但它却是观察染色体数量和形状的最佳时期。

还记得吗？就是染色体排列在中间的时期。

因此在前面的实验中，中断细胞分裂过程进行观察的时候，

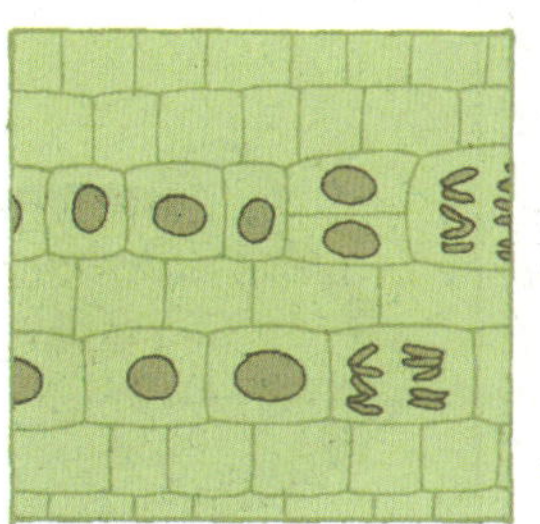

好了，接下来我们再来认识一下染色体吧。

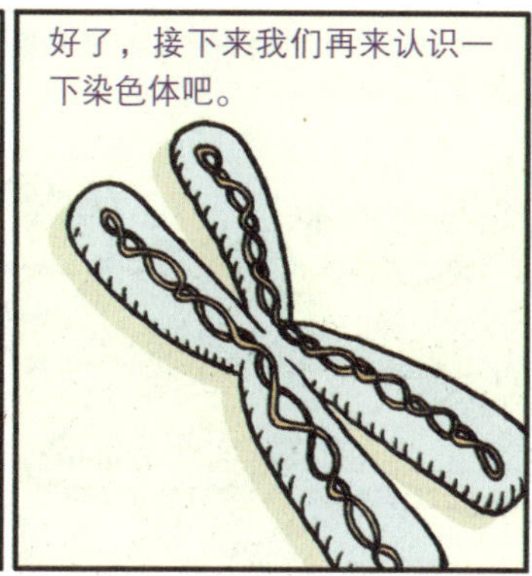

3) 染色体

在核分裂发生之前，染色体是以染色质丝的形态储存在细胞核中的。

是由两个通过复制形成的染色单体组成的。

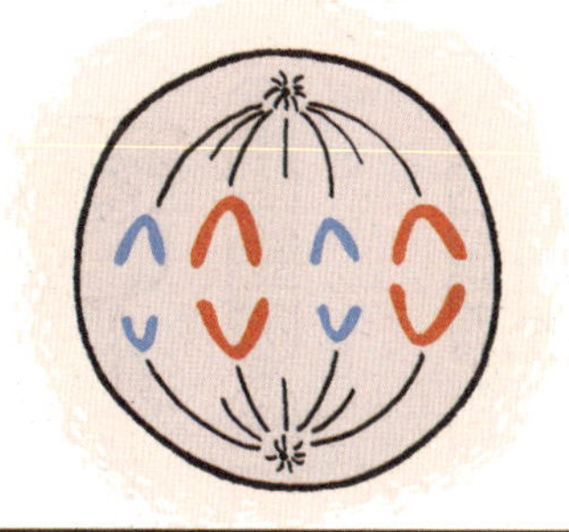

分离时带有相同信息的染色体就会平分到两个细胞中。

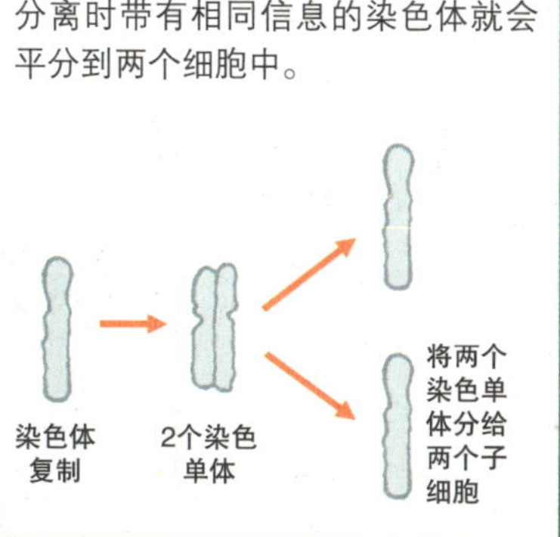

不同种类的生物拥有的染色体数量和形状都是不同的。

而同一物种的染色体数量和形态是固定不变的，

同一个生物体拥有的所有体细胞，染色体的数量和形态也是一致的。

这句话并不是说染色体数量相同就是同一物种，而是同一物种的染色体数量必定是相同的。

土豆的细胞染色体数量是48个，

猩猩的细胞染色体数量也是48个，但是土豆和猩猩并不是同一物种。
?

但是我们可以说猩猩的细胞染色体数量就是48个。
啊……

体细胞由成双的大小形态相同的染色体组成，

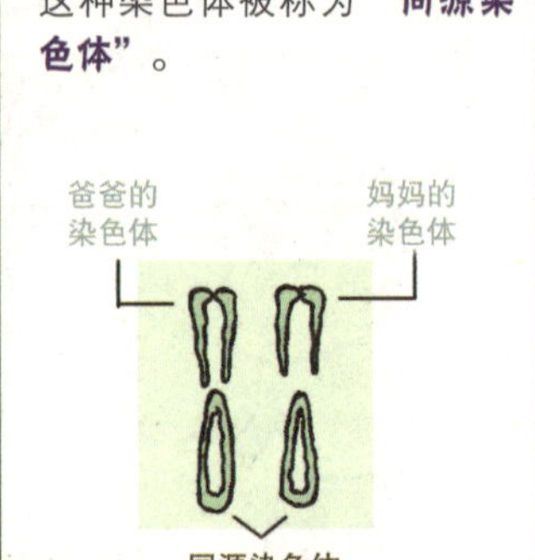
这种染色体被称为**“同源染色体”**。
爸爸的染色体
妈妈的染色体
同源染色体

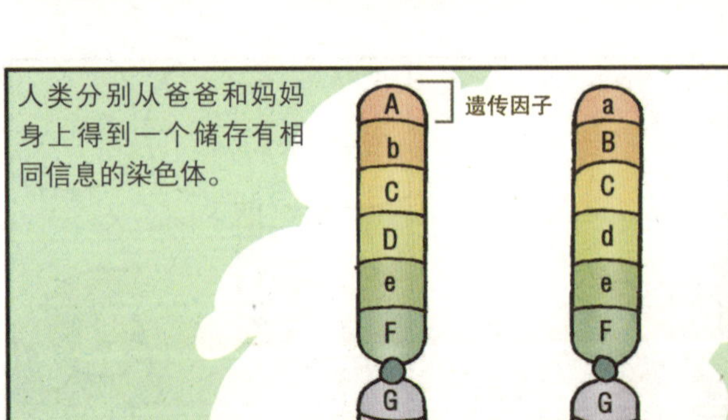
人类分别从爸爸和妈妈身上得到一个储存有相同信息的染色体。
遗传因子
A b C D e F G h I
a B C d e F G H I
同源染色体

如图所示，在同源染色体相对应的位置上，
遗传因子
A b C D e F G h I
a B C d e F G H I
同源染色体

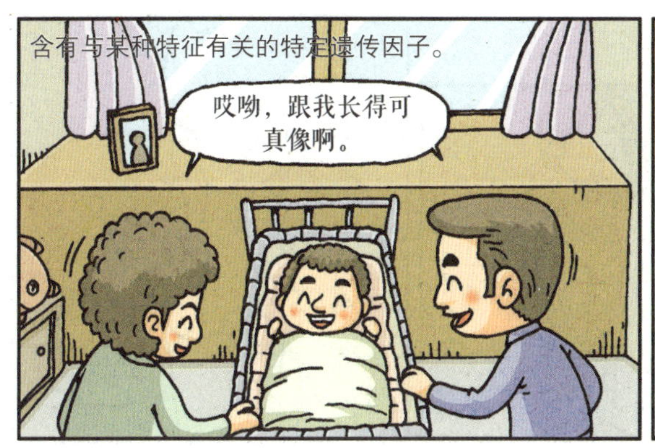
含有与某种特征有关的特定遗传因子。
哎呦，跟我长得可真像啊。

假设A遗传因子是代表卷发的遗传因子，那么a遗传因子就有可能是代表直发的遗传因子。

人类的染色体种类一共有23种，即人类细胞中含有23对、46条染色体。

在这些染色体中有22对是男女相同的，
真的吗？

而剩下的一对染色体是男女不同的。
我就知道是这样的。
哼

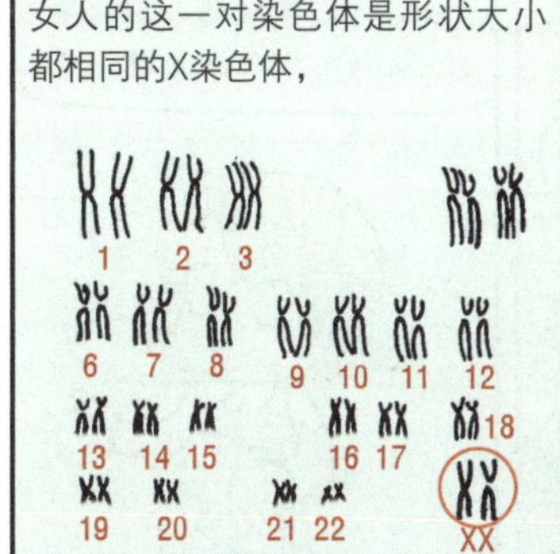
女人的这一对染色体是形状大小都相同的X染色体，
XX

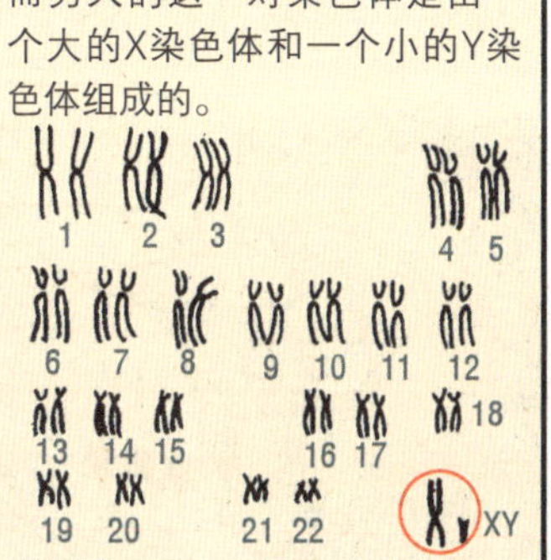
而男人的这一对染色体是由一个大的X染色体和一个小的Y染色体组成的。
XY

因此这对可以区分男女，由X和Y组成的染色体被称为“性染色体”，剩下的都称为“常染色体”。

一般情况下我们会说人类拥有23对同源染色体，但是因为性染色体的缘故，

只能说男人拥有22对同源染色体，女人拥有23对同源染色体。但是男人的性染色体在分裂的时候和同源染色体的行动又是一致的，因此有时也会称其为同源染色体。不同教科书的叫法不同，因此大家务必要留意确认一下。
所以男人是44+XY，女人就是44+XX咯……

4）生殖细胞分裂（减数分裂）

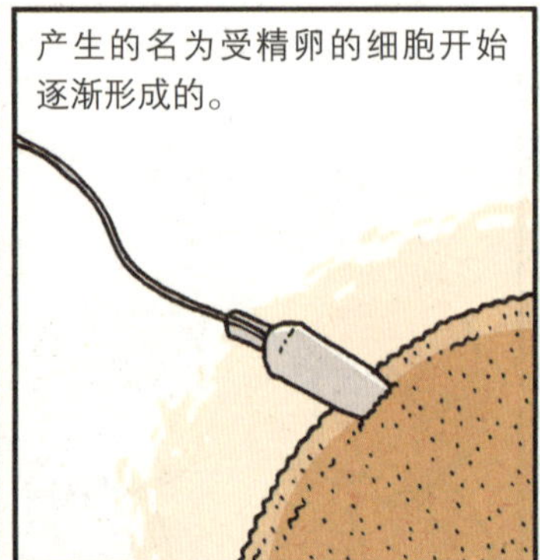

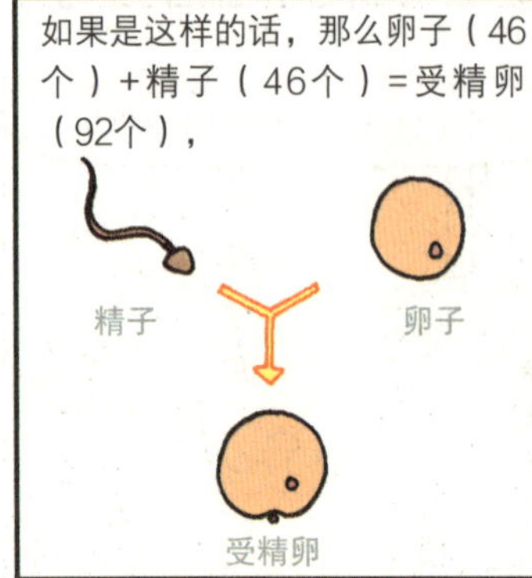

通过显微镜可以观察到以下的分裂阶段。

前期Ⅰ　中期Ⅰ　后期Ⅰ　末期Ⅰ

前期Ⅱ　中期Ⅱ　后期Ⅱ　末期Ⅱ

看到了吗？在制造生殖细胞的时候，分裂方式不同于体细胞的，生殖细胞发生了两次连续的分裂。

从减数第一次分裂期（减一）就可以找到与体细胞分裂过程的不同点。

在减一前期中，同源染色体是紧贴着的。

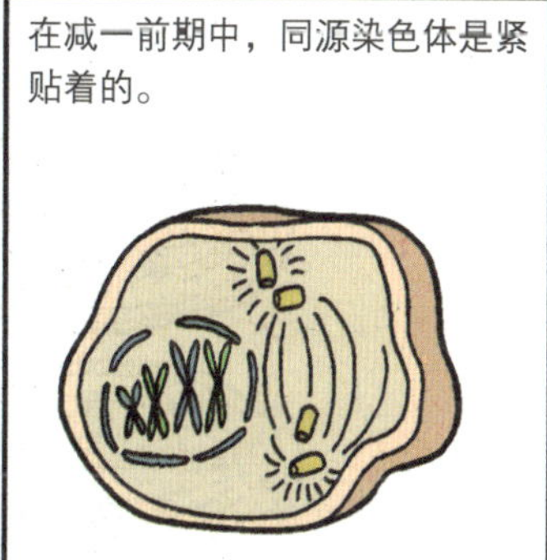

因为是两个染色体贴在一起所以又称为二联体，或者因为是四个染色单体贴在一起所以也可以称为四分体。

呃，又开始变得复杂起来了……

这个二联体染色体在中期不会分开，所以是整个地排列到细胞中央位置的，

纺锤体各带领同源染色体中的一个向两极移动，随后二联体染色体就会因此而分开。

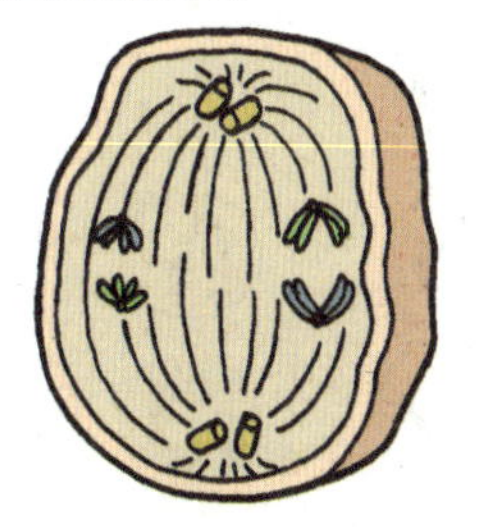

那么在减数第一次分裂期的末期，两个细胞核中染色体的种类依然是两种，没有发生变化，

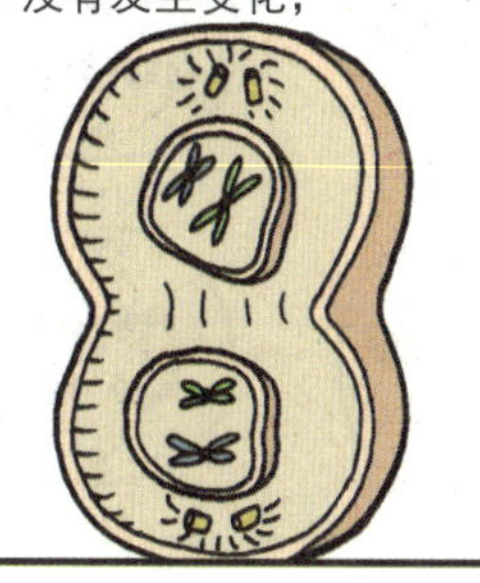

但是数量却从四个变成了两个。

也就是说，在减数第一次分裂期的后期，染色体的数量就已经减半了。

但是由于染色体已经是复制过的，因此原细胞依然保持不变。

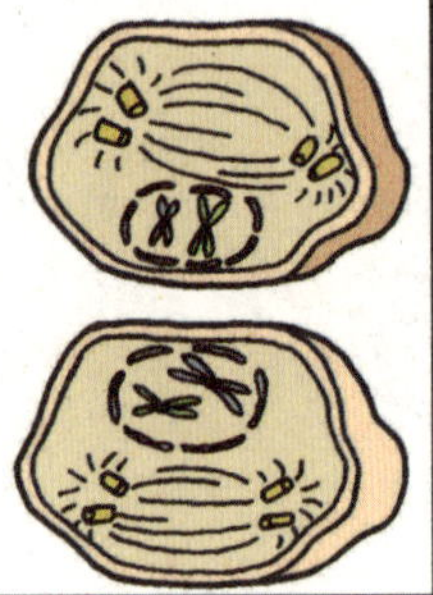

所以还需要继续进行第二次分裂，

本体再次分裂成两个细胞的过程称为减数第二次分裂期。

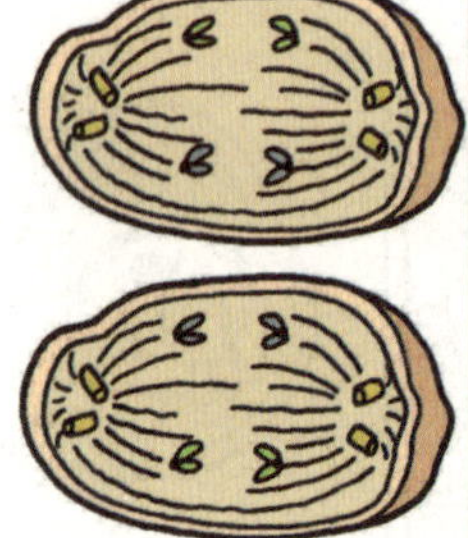

最终一个细胞就分裂成了四个。

由于生殖细胞中的染色体不是成对存在的，

因此如果体细胞染色体的数量为2n，那么生殖细胞的染色体的数量就为n。

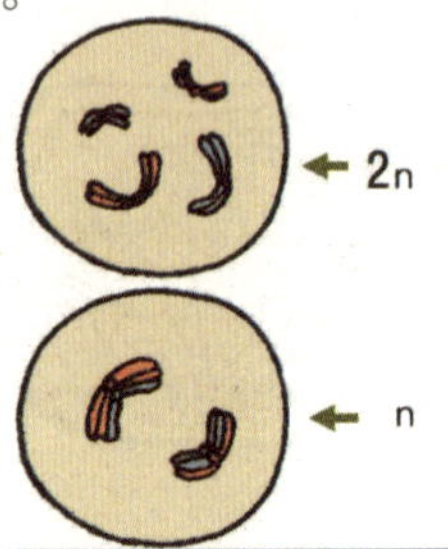

下面我们就来比较一下体细胞分裂和减数分裂，看看两种方式之间都有哪些不同之处吧？

体细胞分裂

生殖细胞分裂

前期

中期

后期

末期

减数第一次分裂期

减数第二次分裂期

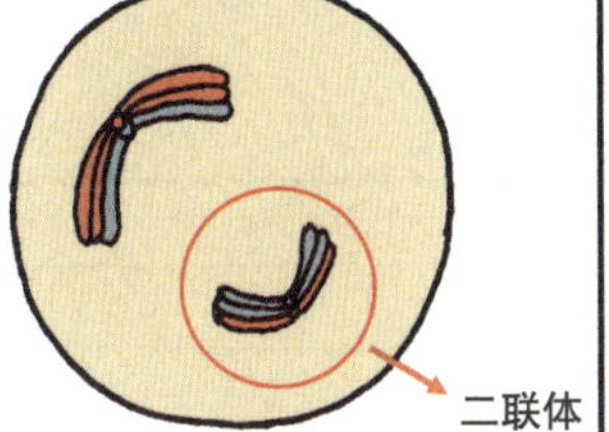

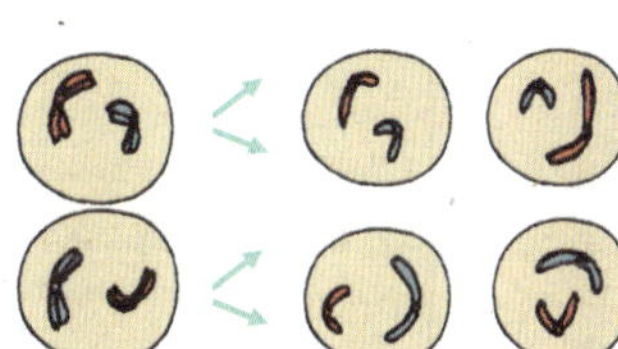

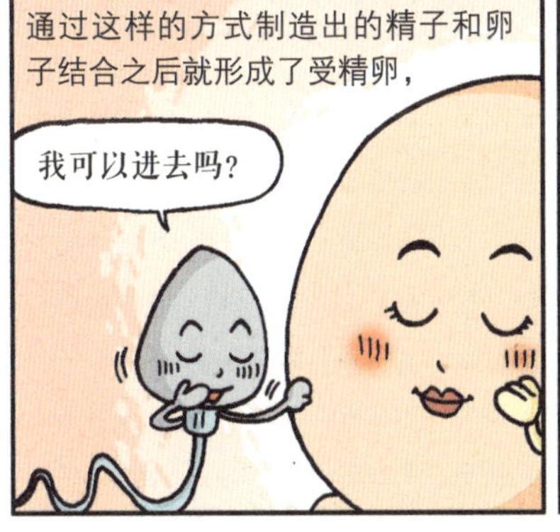

染色体的数量又重新变回了2n，因此无论时间如何流逝，同一物种的染色体数量都是亘古不变的。

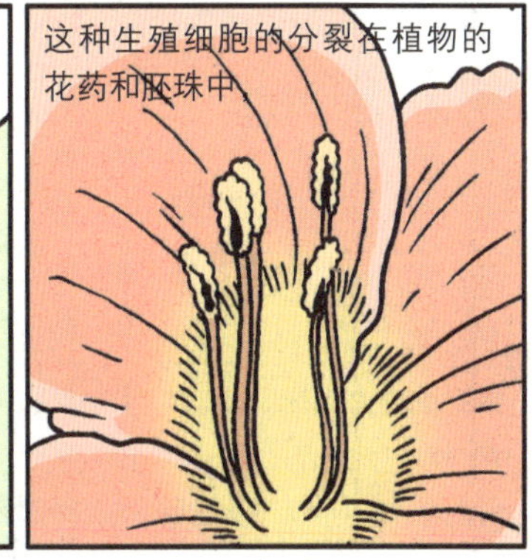

利用生殖细胞繁殖后代是多细胞生物最基本的繁殖方式。

01 细胞分裂

· 细胞分裂
· 体细胞分裂
· 染色体
· 生殖细胞分裂(减数分裂)

1) 细胞分裂

细胞分裂	由一个细胞分裂成两个的现象。
生物的生长	因为细胞的体积并没有变大，而是数量变多了。 =>如果细胞体积变大，表面积和体积的比就会减少， 从而无法进行高效的物质交换。
种类	体细胞分裂——单细胞生物（生殖） 多细胞生物（生长、再生） 生殖细胞分裂——为了制造生殖细胞而进行的细胞分裂。 （卵子、精子、花粉、卵细胞）

2) 体细胞分裂

植物和动物	植物——发生在生长点和形成层。 形成层 生长点 动物——发生在所有体细胞中。 脊椎动物——幼年时生长速度较快，但是随着时间的流逝生长速度会逐渐变慢，到了一定年龄就不再继续生长了。（S型生长） 相对生长——不同部位的生长速度和生长时机都不尽相同。
洋葱根尖的观察	准备材料→固定（乙醇和醋酸以3:1比例混合的溶液）→溶解（55℃~60℃的稀盐酸）→染色（醋酸洋红溶液）→分离→压缩→观察 固定：使细胞活动停止。 溶解：让根部组织更加柔软。 颜色：为了让染色体更加易于被观察。
体细胞的分裂过程（细胞周期）	间期：细胞分裂前的准备阶段，核膜与核仁变得更加清晰，是核内物质完成复制的时期，在整个细胞周期中耗时最长。 核分裂阶段：根据染色体的形状和动态进行区分。 前期——核膜与核仁消失。染色体与纺锤体出现。是核分裂中耗时最长的时期。 中期——染色体排列在细胞中央。纺锤丝贴在染色体上。是核分裂中耗时最短的时期。 后期——染色体分裂为两个染色单体，在纺锤丝的牵引下分别向细胞的两极移动。 末期——生成新的核膜与核仁。染色体与纺锤体消失。形成两个新的细胞核。 ◎细胞质分裂 植物细胞：细胞中央出现细胞板，由内向外一分为二。 动物细胞：细胞质由外向内一分为二。

3) 染色体

染色体	在细胞发生分裂时，由细胞核内的染色质丝凝缩而成。
特征	由两个染色单体组成。 染色体又是由决定生物特征的遗传物质（DNA）组成的。 同类生物的染色体数量和形态是一定的。 形状和大小相同的两个染色体凑成一对称为同源染色体。
区别	同源染色体——形状和大小都相同的一对染色体。 常染色体——男女共同拥有的染色体。 性染色体——决定男女性别的一对染色体（男人XY，女人XX）。
人类的染色体	常染色体（22对）+性染色体（1对）【2n=46】 男人——44+XY， 女人——44+XX

4) 生殖细胞分裂(减数分裂)

减数分裂	生殖器官中在制造生殖细胞时发生的细胞分裂现象。 分裂结果是细胞染色体数量减半。（减数分裂）
过程	减数第一次分裂期和减数第二次分裂期是连续发生的。 体细胞分裂：前期 → 中期 → 后期 → 末期 生殖细胞分裂：减数第一次分裂期 → 减数第二次分裂期
特征	在减数第一次分裂期前期，同源染色体结合为二联体出现，在减一后期同源染色体分离，减一末期细胞染色体数量减半。 分裂完成后出现四个子细胞。
减数分裂的意义	通过精子和卵子结合的受精卵繁育而成的后代，染色体的种类和数量保持不变，并且这样的规律亘古不变。

	体细胞分裂	减数分裂
分裂地点	动物(所有体细胞) 动物(卵巢、精巢)	植物(形成层、生长点) 植物(花药、胚珠)
分裂结果	生长	形成生殖细胞
染色体数量	2n=>2n	2n=>n
子细胞数量	2个 1次分裂	4个 2次连续的分裂
特征	不会形成二联体	形成二联体
染色体的分离	染色体分离	第一次分裂期 同源染色体分裂 第二次分裂期 染色体分离

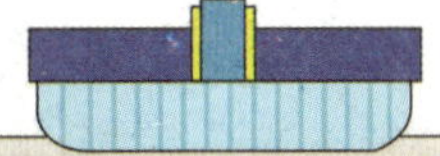

2.生殖和发育

1) 无性生殖

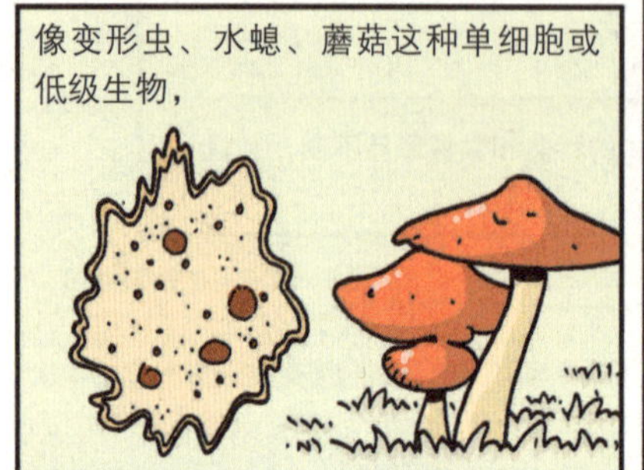

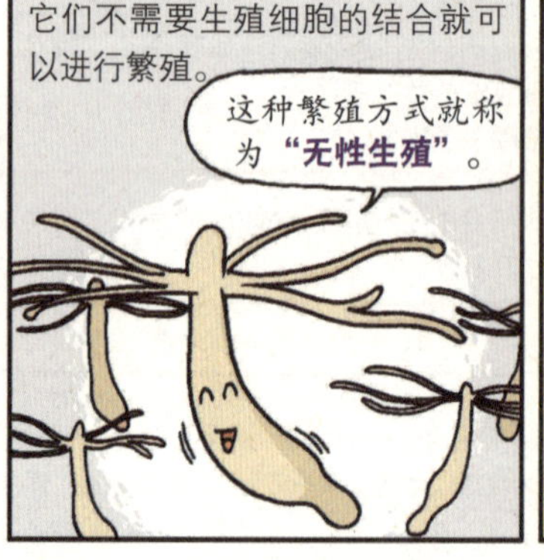

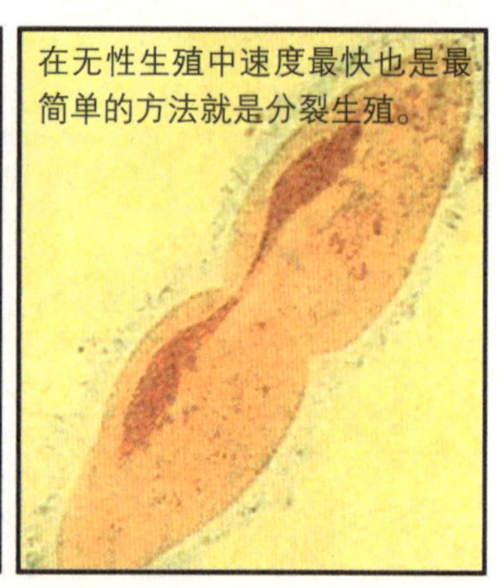

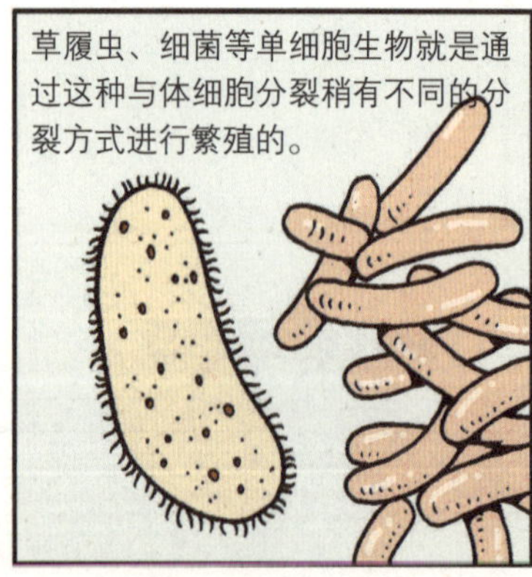

所以个体数量的增长速度是非常快的。

海水中的浮游生物突然增多使海水颜色发生变化的赤潮现象

就是证明分裂生殖强大繁殖能力的最好实例。

无性生殖的第二种类型是出芽生殖。
这个我们可以通过米酒来进行观察。

将米酒用亚甲蓝溶液染色之后再用显微镜进行观察。
米酒

在显微镜中我们可以看到椭圆形的酵母，
大家看到这个酵母上长得像包块一样的东西了吗？

出芽生殖就是在母体上长出包块状的芽体，芽体从母体上分离之后就变成了新的个体。
这感觉和分裂生殖差不多，但又好像不太一样。
分裂生殖和出芽生殖虽然看起来相似，但还是有所不同的，这个大家一定要记牢。

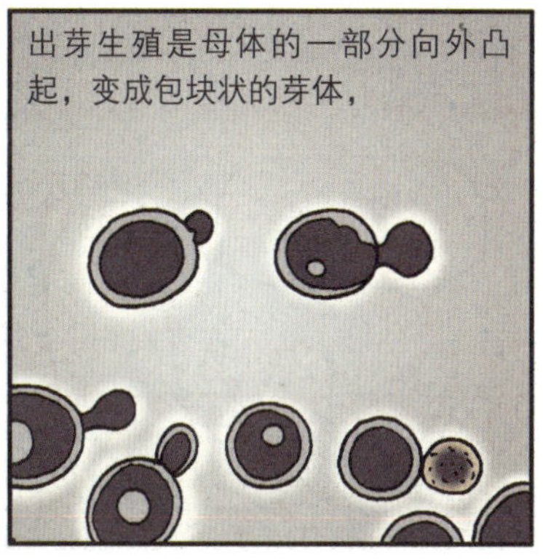
出芽生殖是母体的一部分向外凸起，变成包块状的芽体，

芽体内含有从母细胞中分裂出的细胞核，芽体脱落后就形成了新的个体。

因此出芽生殖可以区分大的母体和小的芽体。
我的可爱女儿。

但是分裂生殖是由一个个体分离成两个完全相同的新个体，所以无法区分子母。
你们谁是哥哥啊？

另外，分裂生殖时，细胞核和细胞质的分裂是同时进行的，

而出芽生殖时，是先长出芽体然后再进行细胞核分裂的。
通过出芽生殖进行繁殖的生物

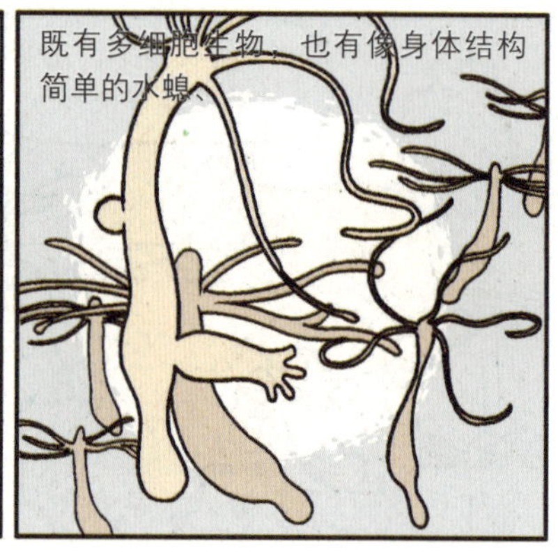
既有多细胞生物，也有像身体结构简单的水螅、

海葵以及珊瑚这样的腔肠动物。

其中珊瑚在繁殖过程中会形成一个名为珊瑚丛的群落，

这是因为珊瑚长出的芽体不会与母体分离，
我要永远跟妈妈生活在一起。
呵呵

而是依然留在母体上逐渐形成一个大的珊瑚块。
转眼间就形成了一个大家族啊。

下面我们再来学习一些比较高级的生殖方式吧。

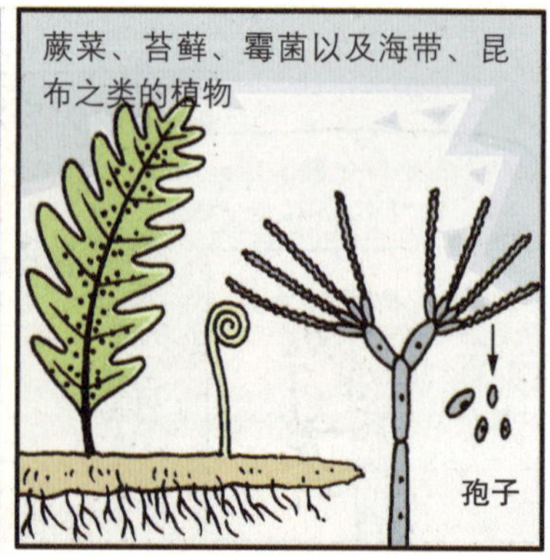
蕨菜、苔藓、霉菌以及海带、昆布之类的植物
孢子

都是不开花的无花植物。
也叫作隐花植物。

等……等一下，如果不开花的话，岂不是没法长出种子了吗？
没错。

所以它们要靠其他方式来繁殖后代啊。
这种方式就是孢子生殖。
孢子生殖？

让我们用显微镜来观察一下发霉的面包吧。
怎么样?

有没有看到一些呈线状的细菌，还有上面的一个带有颜色的小颗粒?

这些小颗粒就是孢子，而且不同生物的孢子颜色也是不同的。

因为霉菌的孢子是绿色的，所以霉斑看起来就是绿色的。
总而言之，你们人类是托了我的福才能够制造出抗生素的，明白吗?
呃
呕

因为孢子非常轻，所以可以传播到很遥远的地方，

只要找到满足空气、水、土壤等生存条件的地方孢子就会发芽，长出新的个体。

目前为止我们学的都是关于无性生殖的内容。
那接下来要学习有性生殖吗?

不，接下来我们要学习能够进行有性生殖的高等植物，不依靠生殖器官花来繁殖，

而是通过营养器官根、茎、叶等进行繁殖的方式。
这种特殊的繁殖方式称为“营养生殖”。
营养生殖?

虽然看起来特殊，但其实这种生殖方式是非常常见的。

分根、叶插、压条和嫁接等方式。

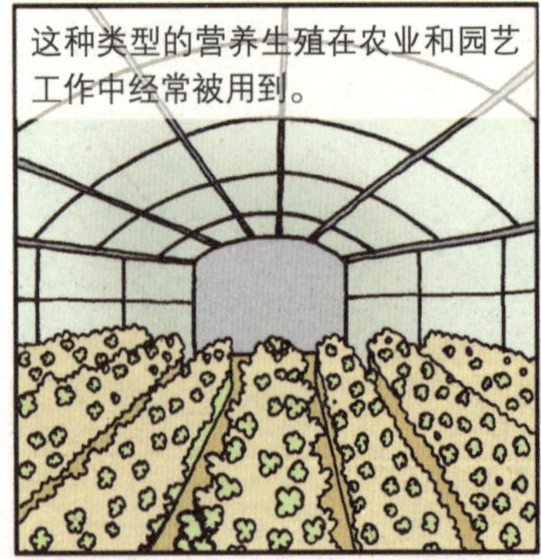

但是在种植蔬菜或者树木的时候经常会用到这种繁殖方式，

因为它不仅能够保持母体优良的遗传性状，而且还可以一次性获得更多的个体。
但是通过这种方式获得的植株不善应对环境的变化，存活能力较差。

2) 有性生殖

身体结构较发达的生物大多都是区分雌性和雄性的。

植物也分为雄蕊和雌蕊生长在同一朵花中的双性花，

以及雄蕊和雌蕊分别生长在不同花中的单性花。

而单性花又分为像玉米这种雌花和雄花开在同一个植株上的雌雄同株植物

和像银杏树一样雌花开在雌株上，雄花开在雄株上的植物。
这种植物称为雌雄异株植物。

大部分的动物都是明确区分雌性和雄性的雌雄异体动物，
像我们一样。

但也有同时具备雌性和雄性生殖器的雌雄同体动物。
像我们一样？

像这些身体结构相对发达的生物都是在生殖器官中制造生殖细胞的。

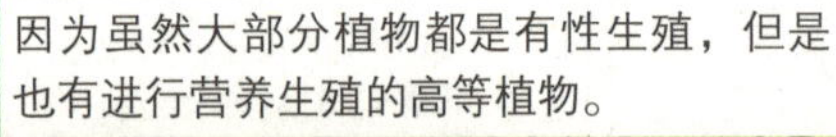

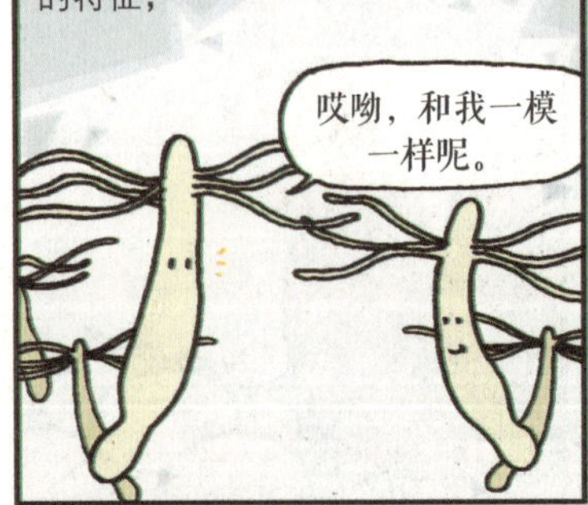

而有性生殖随着时间的流逝会逐渐发生变化。

哎呀！

嘿嘿

综上所述，无性生殖能够更好地维持品种，而有性生殖则能够更好地适应环境变化。

因为新个体拥有许多不同的特性，即使环境产生剧烈的变化，
又出现了。
哒哒哒

依然会有大量的个体存活下来。
最近的蟑螂都杀不死啊。
噗
噗噗

而且还能够进化出更多有利于生存的形态，
总是复制相同的形态，肯定是毫无发展的咯！
昂唔
昂唔

所以越是高等的生物越会优先采用有性生殖的方式来繁衍后代。
下面我们分别来了解一下植物和动物的有性生殖过程吧。

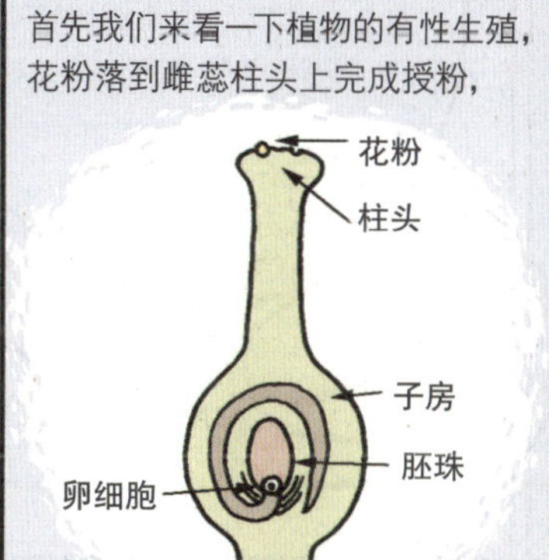
首先我们来看一下植物的有性生殖，花粉落到雌蕊柱头上完成授粉，
花粉
柱头
子房
胚珠
卵细胞

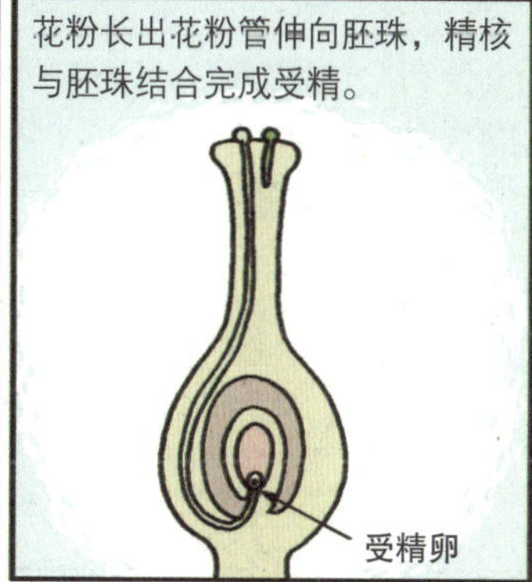
花粉长出花粉管伸向胚珠，精核与胚珠结合完成受精。
受精卵

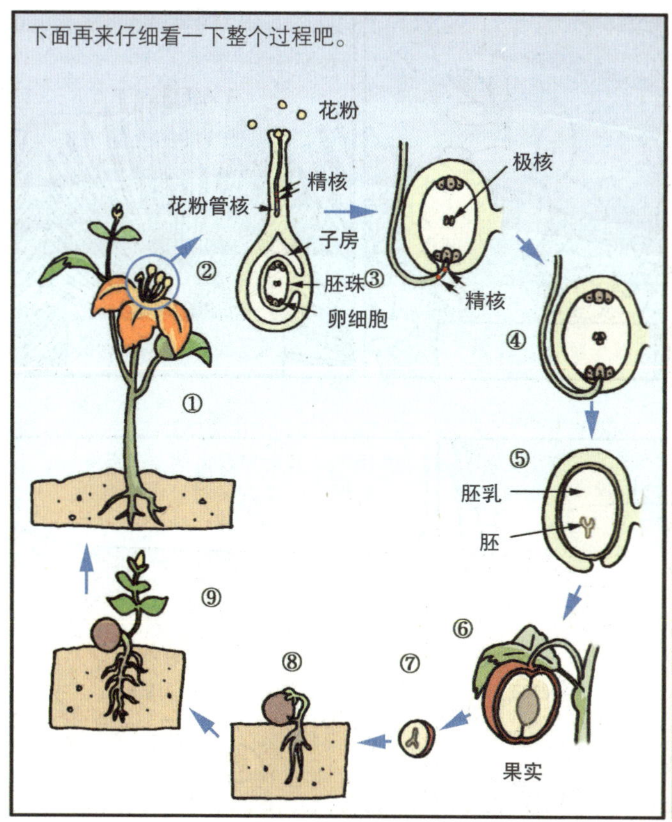
下面再来仔细看一下整个过程吧。
花粉
精核
花粉管核
②
子房
胚珠
卵细胞
①
③
极核
精核
④
⑤
胚乳
胚
⑥
果实
⑦
⑧
⑨

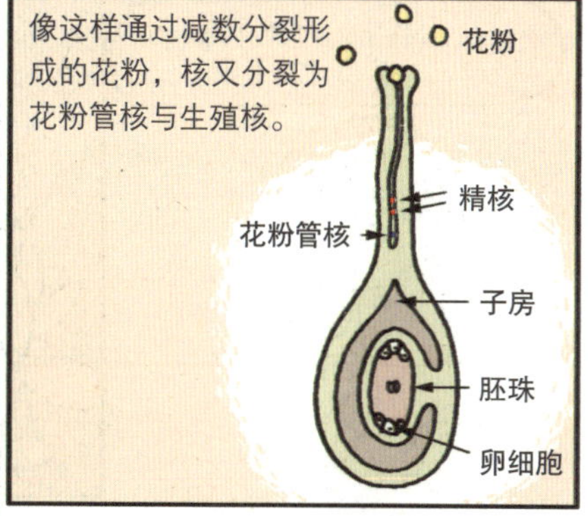
像这样通过减数分裂形成的花粉，核又分裂为花粉管核与生殖核。
花粉
精核
花粉管核
子房
胚珠
卵细胞

花粉落到柱头上之后，花粉管核就会朝胚珠的方向移动，负责制造花粉管。
完成任务后花粉管就消失了。

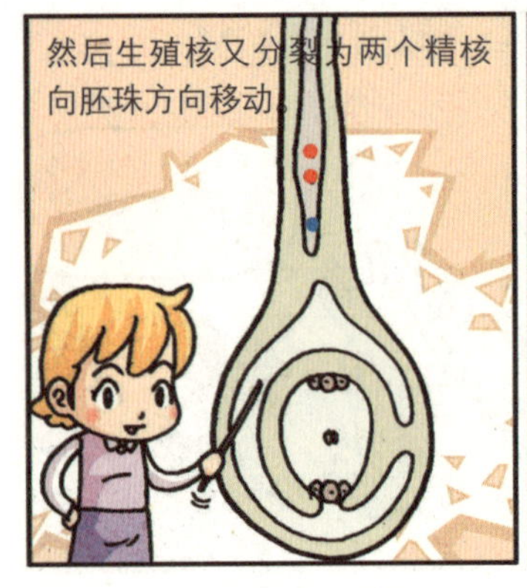
然后生殖核又分裂为两个精核向胚珠方向移动。

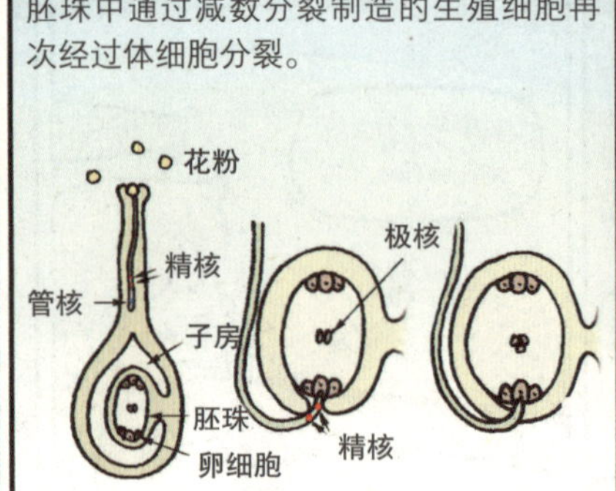
胚珠中通过减数分裂制造的生殖细胞再次经过体细胞分裂。
花粉
精核
管核
子房
胚珠
卵细胞
极核
精核

分裂结果得到了8个核，8个核中1个是卵细胞，2个是极核，

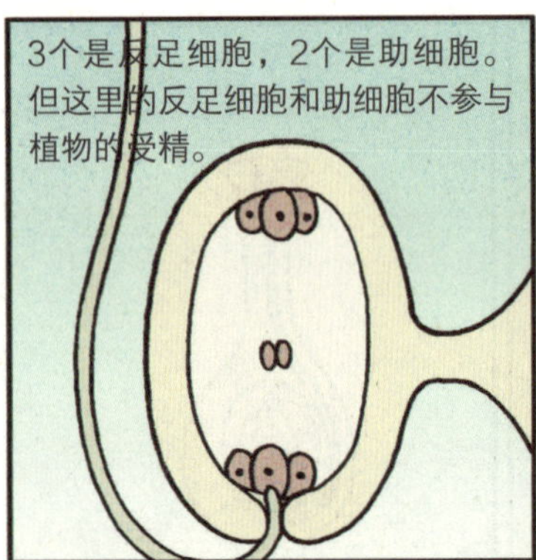
3个是反足细胞，2个是助细胞。但这里的反足细胞和助细胞不参与植物的受精。

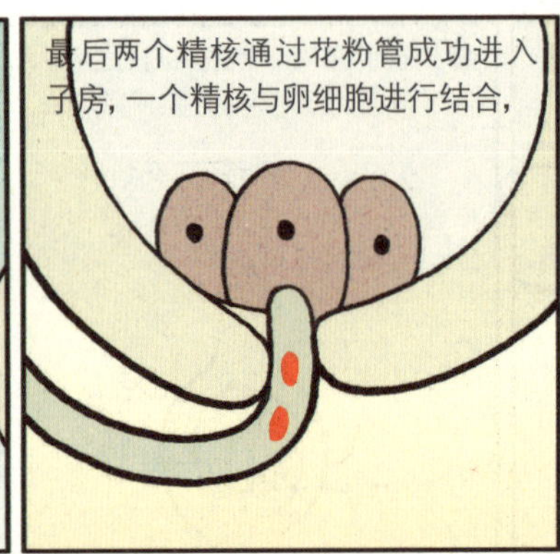
最后两个精核通过花粉管成功进入子房，一个精核与卵细胞进行结合，

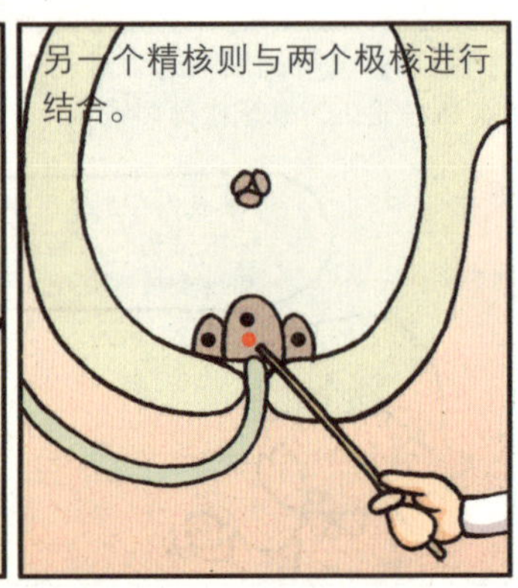
另一个精核则与两个极核进行结合。

在这个过程中因为发生两次受精所以又称为“双受精”。

双受精现象只在有子房的被子植物中才会出现，
被子植物，连翘

而胚珠露在外面的裸子植物是没有双受精现象的。
裸子植物，日本五针松

另外，双受精作用的结果是卵细胞变成受精卵通过细胞分裂形成新个体，
而受精极核发育之后变成了提供营养的胚乳。
胚乳
养分

在这个过程中可以看到染色体数量的变化，即在胚的形成过程中精核（n）+卵细胞（n）=胚（2n）
精核
+
卵细胞
=
胚

各含有母体一半染色体的两个生殖细胞结合后，染色体数重新变成了母体的2n。
但是胚乳形成的时候是精核(n)+2×极核(n)=3n，染色体数量与母体不同。
这条规律一定要记牢，假设母体的染色体数是24条(2n)，
呃……我讨厌算数!

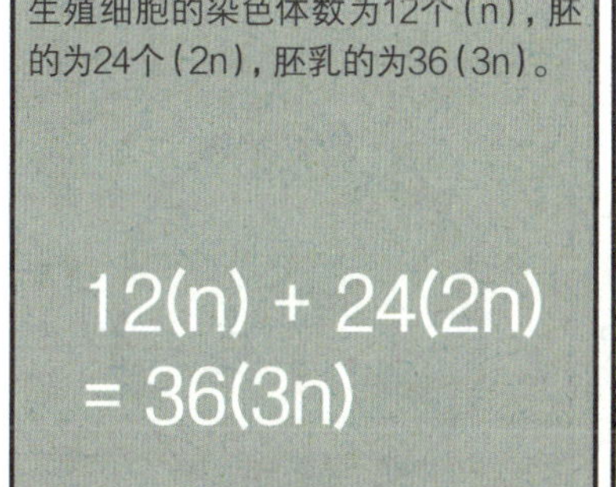
生殖细胞的染色体数为12个(n)，胚的为24个(2n)，胚乳的为36(3n)。
12(n) + 24(2n) = 36(3n)

但是像板栗和大豆这样的植物是没有胚乳的。它们靠发达的子叶来提供营养。

因此在板栗和大豆这样的植物中没有像胚乳一样染色体数达到3n的部位。

既然提到了板栗和大豆，我们再来看一看哪些生物是没有胚乳的吧。
喵呜

这样植物的有性生殖基本上就讲完了，下面我们来学习动物的有性生殖吧。

我们来看一看动物中的鱼类、两栖类、爬行类等高等生物，

以及像鸟类和哺乳类这样的脊椎动物是如何繁衍后代的吧。
叽!
啊!

生活在陆地上的脊椎动物是在雌性动物内部进行体内受精的，
喵呜
你给我安分一点。
挣扎
挣扎
呵呵……

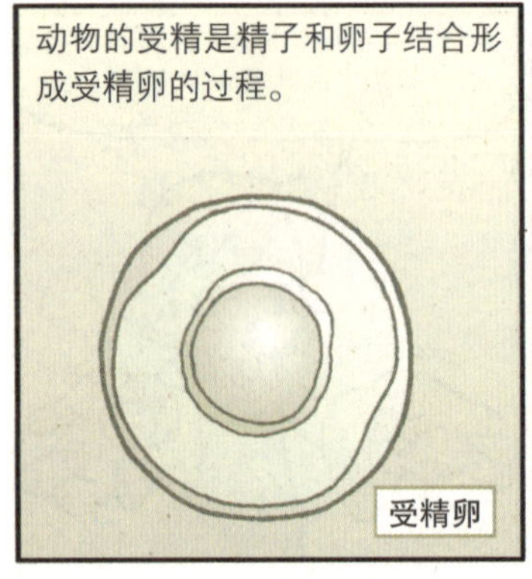

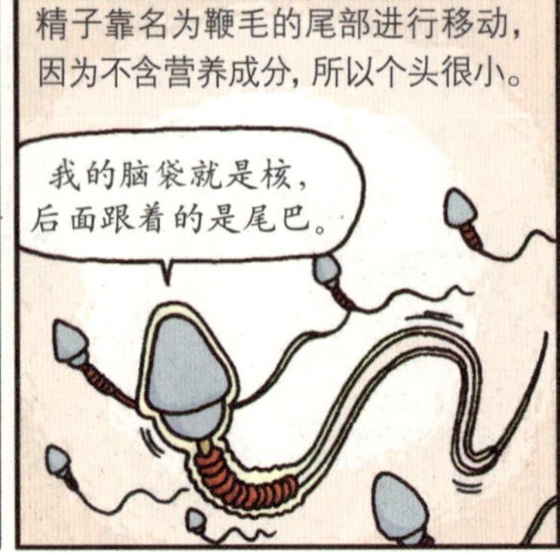

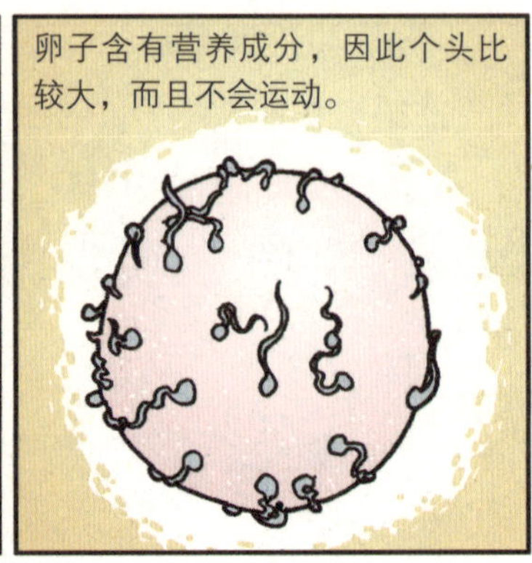

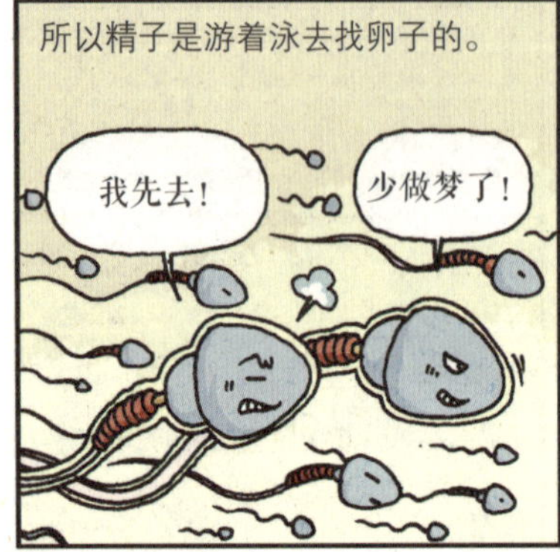

动物的受精顺序如下所示。

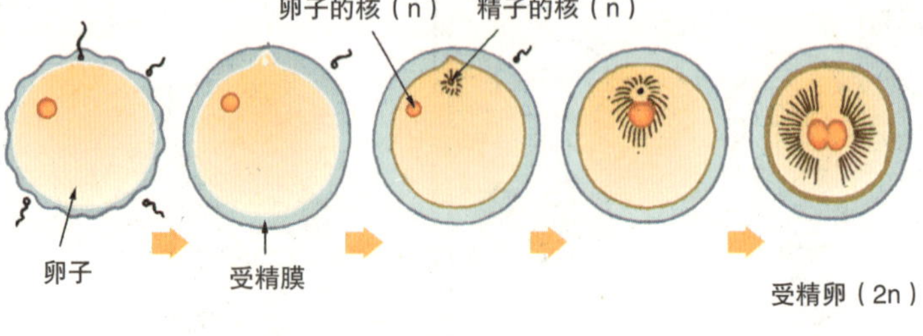

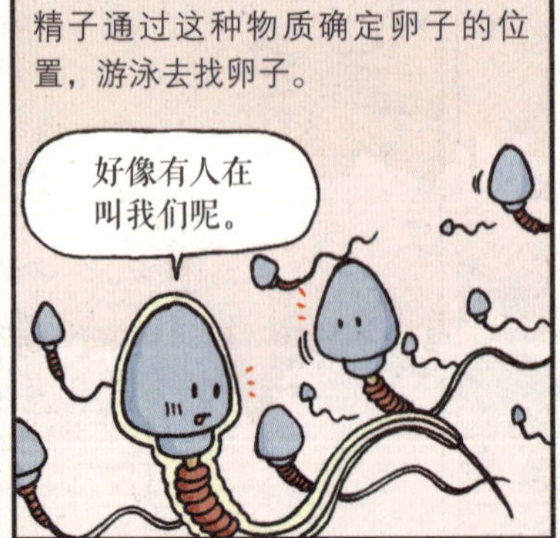

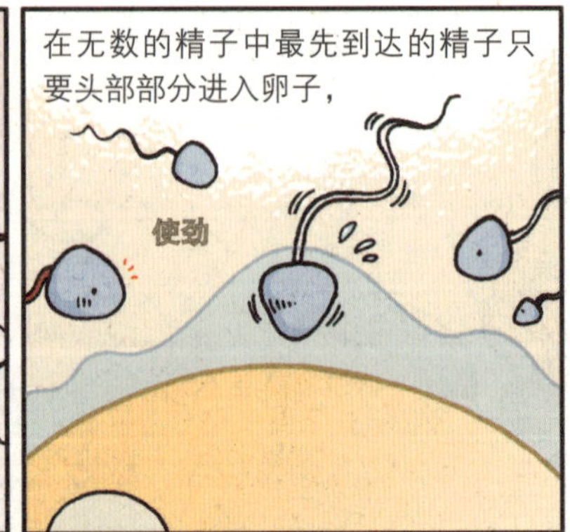

卵子外部就会形成一层受精膜。

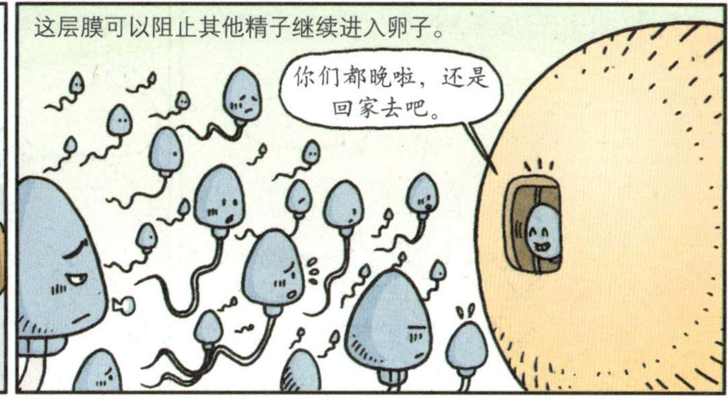
这层膜可以阻止其他精子继续进入卵子。
你们都晚啦，还是回家去吧。

然后精子的核与卵子的核相结合完成受精，产生受精卵。
真开心！

通过结合产生的受精卵应该是一个细胞了吧？但是动物是由数十兆个细胞组成的，

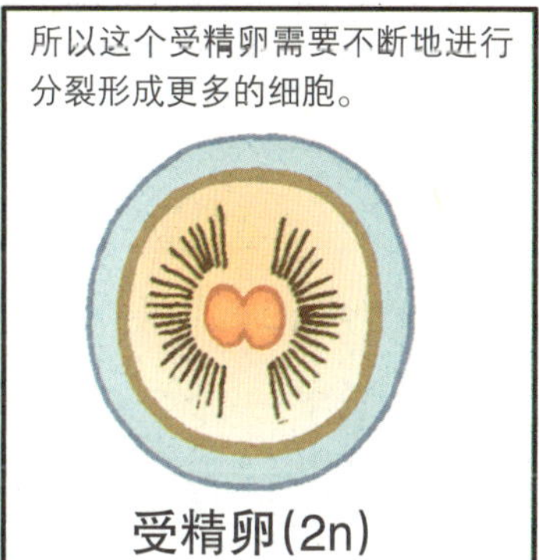
所以这个受精卵需要不断地进行分裂形成更多的细胞。
受精卵(2n)

但是这个受精卵初期的细胞分裂过程和我们前面学过的细胞分裂有略微的不同。
有什么不同？

这里的细胞分裂过程有个单独的名称叫作**“卵裂”**。

卵裂是指细胞不生长只是快速地进行分裂，
快点快点！
拥挤
拥挤

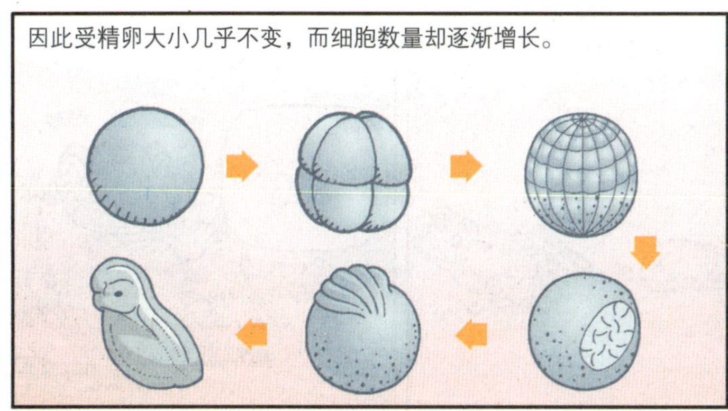
因此受精卵大小几乎不变，而细胞数量却逐渐增长。

这个过程可以分为2细胞期→4细胞期→8细胞期→16细胞期……→桑椹期→囊胚期→原肠胚期，
最后形成了**“胚胎”**。

分裂的方向先是垂直分裂两次，第三次是横着分裂的，
先这样
再这样
啪
啪啪

按照这样的方式分裂到一定程度之后细胞就会变得非常多。
好厉害。
累死了……

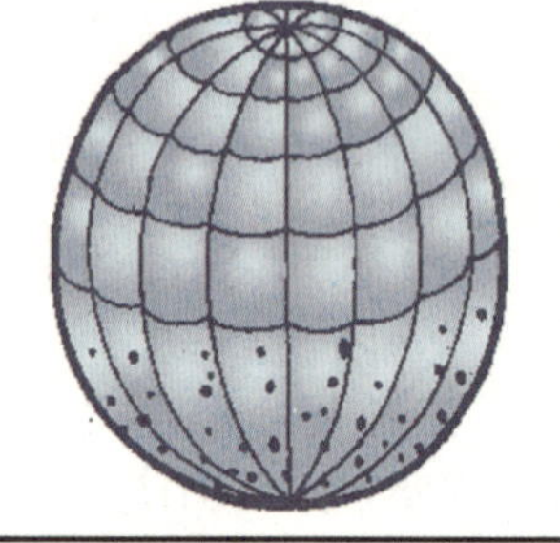
受精卵表皮呈现出如同桑树果实一样的纹理时为桑椹期，

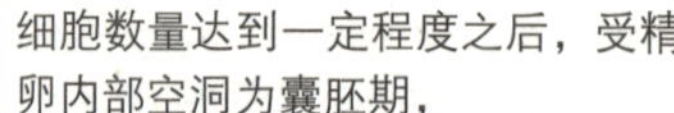
细胞数量达到一定程度之后，受精卵内部空洞为囊胚期，

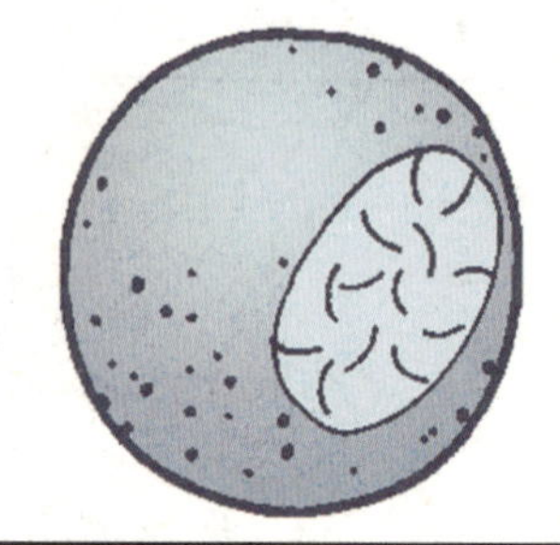

然后细胞重新向受精卵内部蔓延的为原肠胚期，

最后器官成型，一个完整的生命体形成，即为胚胎。

像这样，受精卵的细胞分裂数量达到一定程度之后，

细胞开始组成形状和作用各不相同的各种器官，

最终成为完整生物个体的过程就称为**“发育”**。

在这个发育过程中蝌蚪变成了青蛙，

身体的功能和形态发生巨大变化的情况就称为**“变态”**。
蝌蚪连声音都发不出来呀，呱呱……
呵呵
呵呵

3）人类的生殖器与发育

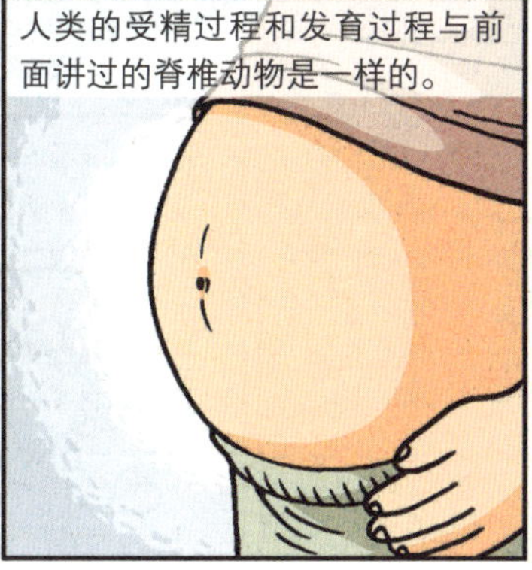

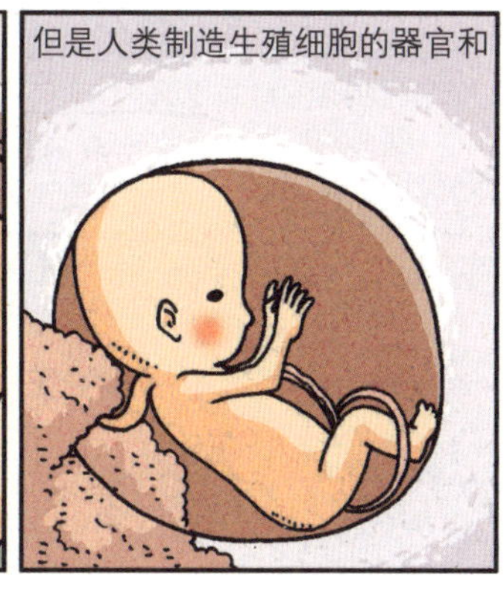

人类在出生的时候就带有区分男人和女人的生殖器官，

下面是男性的生殖器构造图。

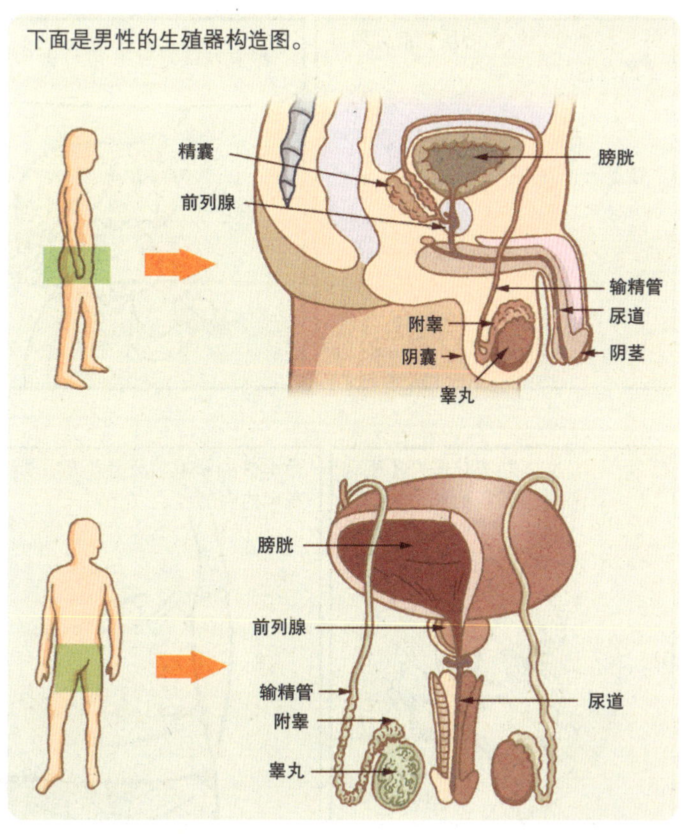

包括人类在内的大多数哺乳动物的精巢都位于一个名为精囊的口袋里面。
哺乳动物的精巢又可以称为睾丸。

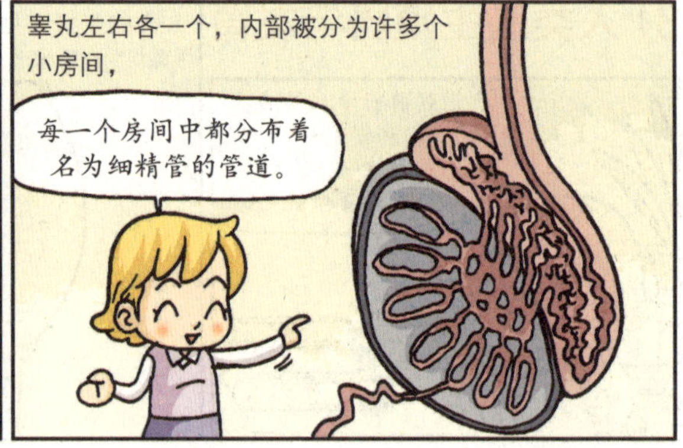
睾丸左右各一个，内部被分为许多个小房间，
每一个房间中都分布着名为细精管的管道。

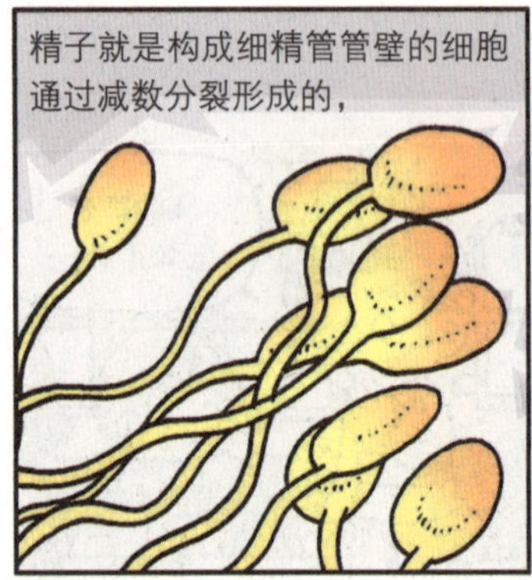
精子就是构成细精管管壁的细胞通过减数分裂形成的，

男性青春期每天可以制造约1亿个精子。
一百万零二十，一百万零二十一

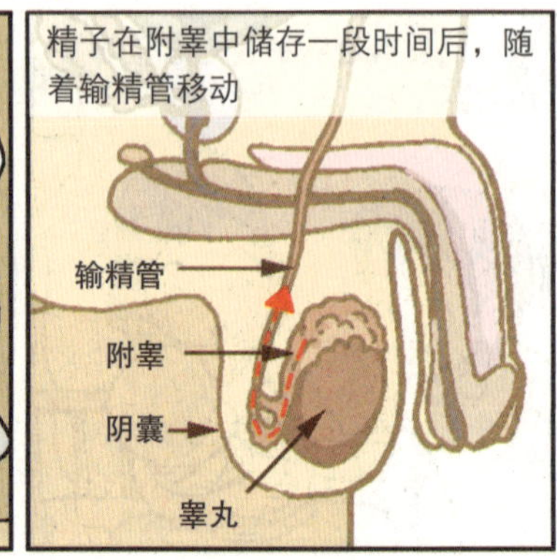
精子在附睾中储存一段时间后，随着输精管移动
输精管
附睾
阴囊
睾丸

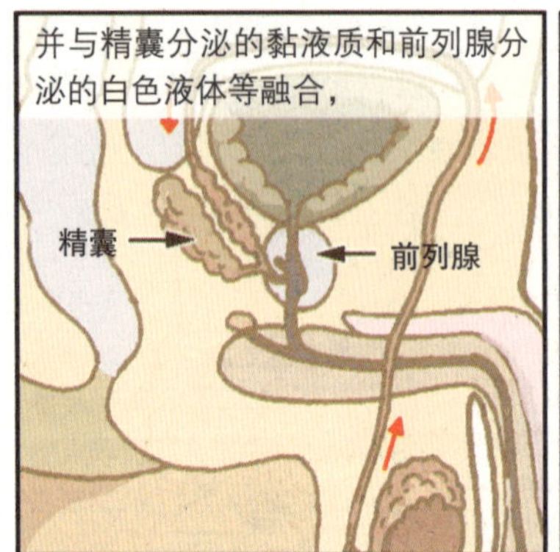
并与精囊分泌的黏液质和前列腺分泌的白色液体等融合，
精囊
前列腺

形成精液通过尿道排出体外。

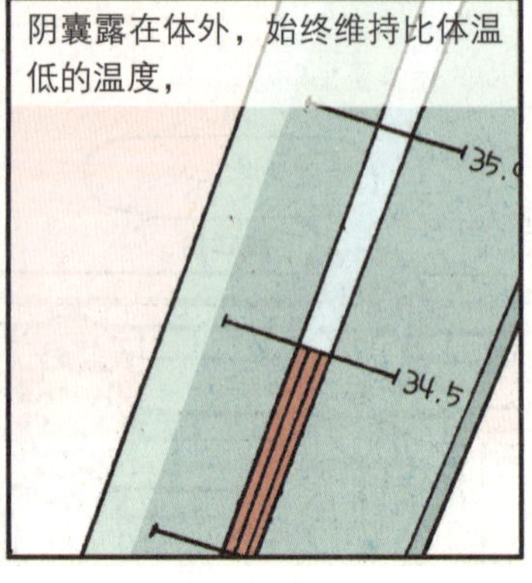
阴囊露在体外，始终维持比体温低的温度，
34.5

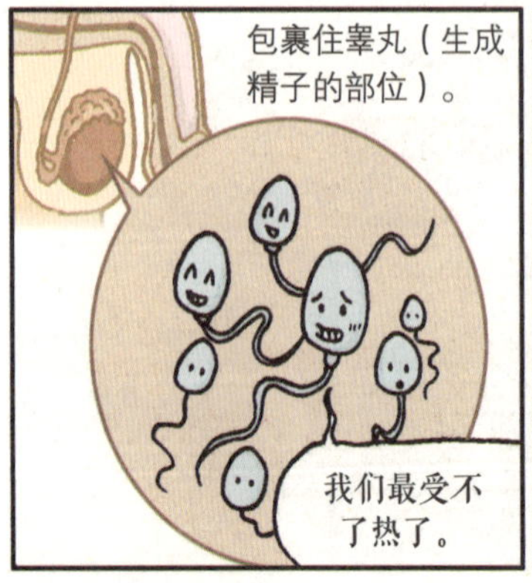
包裹住睾丸（生成精子的部位）。
我们最受不了热了。

而女性的卵巢位于腹部的下端，身体的内部，

被温暖地包裹着，保护在里面。
我们来看下一页吧。

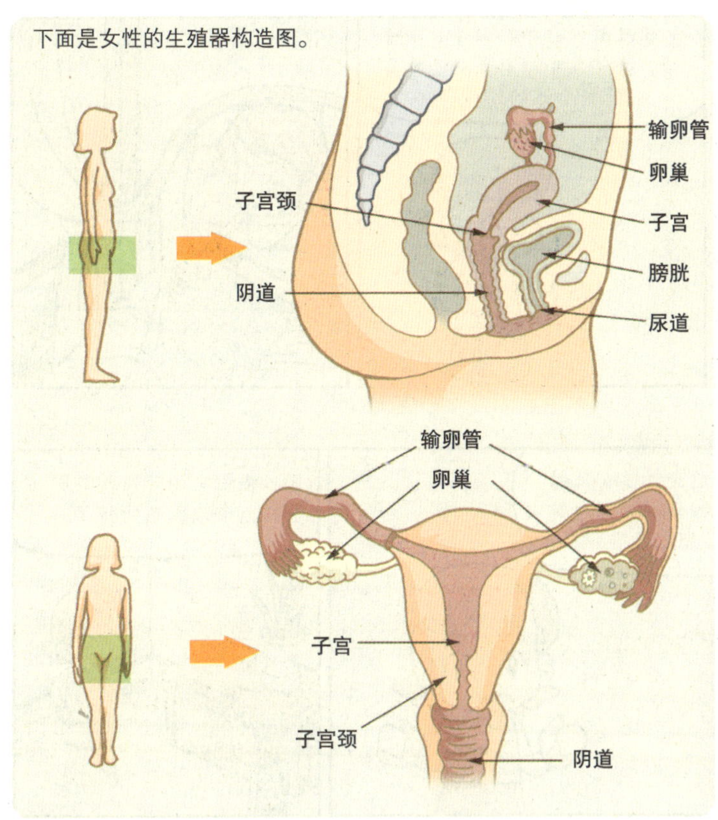
下面是女性的生殖器构造图。
输卵管
卵巢
子宫颈
子宫
膀胱
阴道
尿道
输卵管
卵巢
子宫
子宫颈
阴道

女性的情况不同于男性，出生时就已经拥有能够发育为卵巢和卵子的细胞，

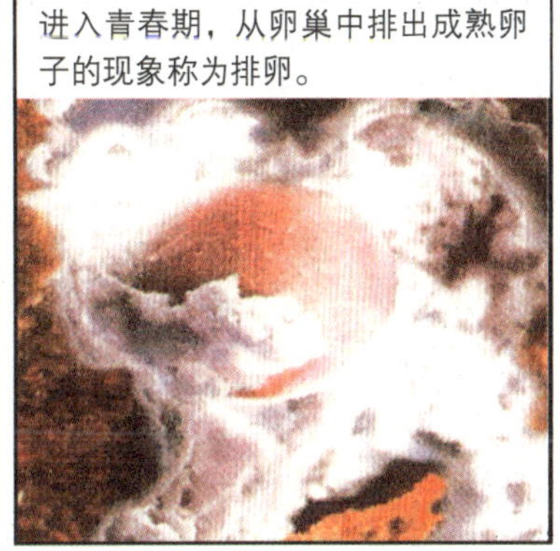
进入青春期，从卵巢中排出成熟卵子的现象称为排卵。

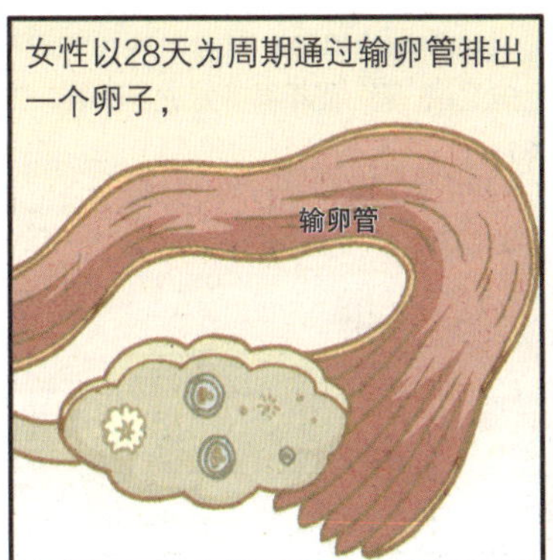
女性以28天为周期通过输卵管排出一个卵子，
输卵管

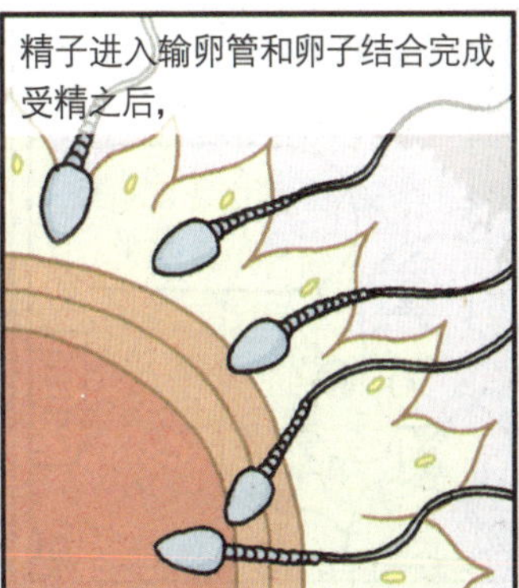
精子进入输卵管和卵子结合完成受精之后，

受精卵最后移动至子宫，这样就成功怀孕了。
祝贺你们。

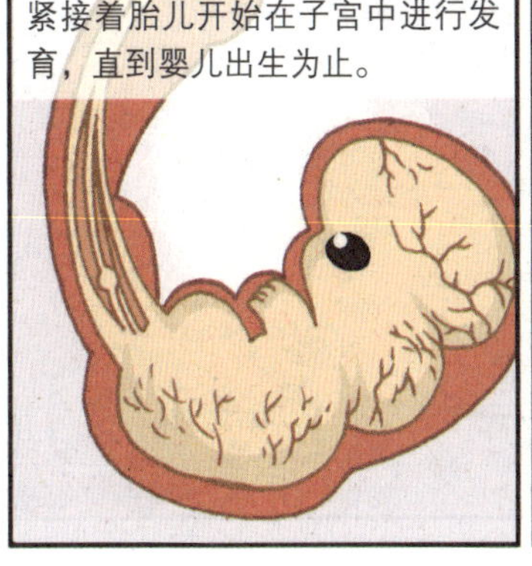
紧接着胎儿开始在子宫中进行发育，直到婴儿出生为止。

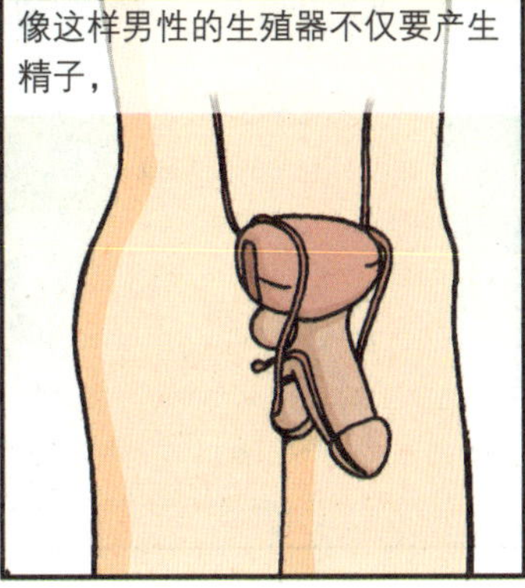
像这样男性的生殖器不仅要产生精子，

还负责将精子送至女性的生殖器官。

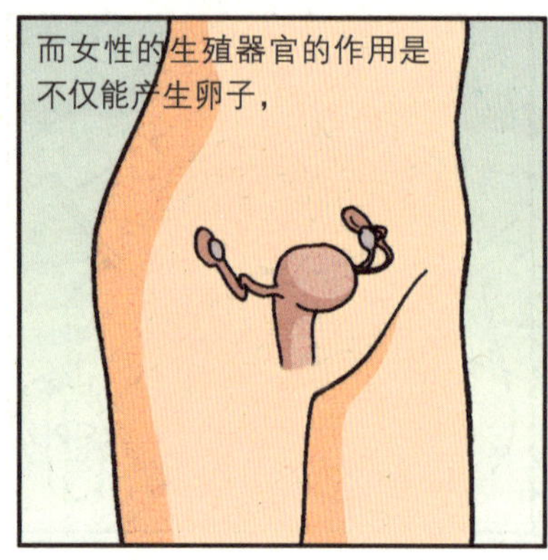
而女性的生殖器官的作用是
不仅能产生卵子，

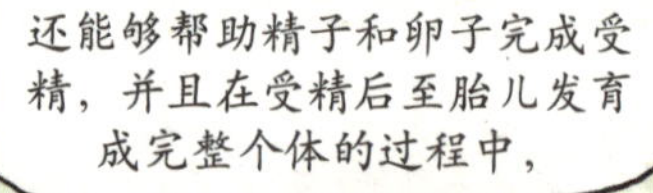
还能够帮助精子和卵子完成受精，并且在受精后至胎儿发育成完整个体的过程中，

还起到了保护和养育胎儿的作用。

下面我们再来了解一下人类是经历怎样的过程出生的吧。

前面讲过女性的卵巢以28天为周期进行排卵。
28天

女性在出生的时候就带有约40万个未成熟的卵子。

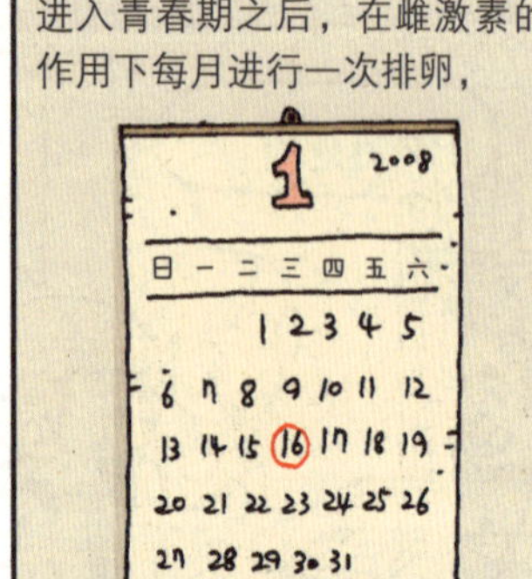
进入青春期之后，在雌激素的作用下每月进行一次排卵，
1 2008
日 一 二 三 四 五 六
1 2 3 4 5
6 7 8 9 10 11 12
13 14 15 16 17 18 19
20 21 22 23 24 25 26
27 28 29 30 31

女性的一生约进行400~500次排卵。
当然这是在绝经之前的事情啦。

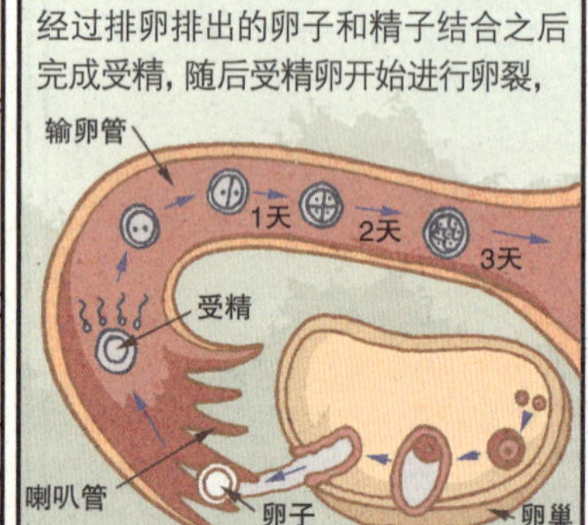
经过排卵排出的卵子和精子结合之后完成受精，随后受精卵开始进行卵裂，
输卵管
1天
2天
3天
受精
喇叭管
卵子
卵巢

卵裂的2细胞期、4细胞期和囊胚期，受精卵都是埋在子宫壁里完成的……

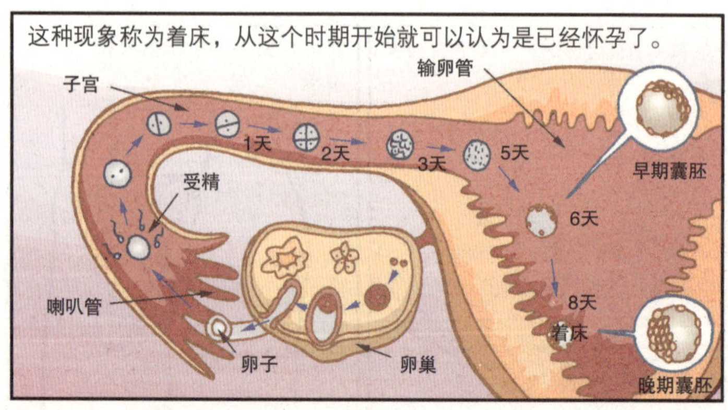
这种现象称为着床，从这个时期开始就可以认为是已经怀孕了。
子宫
输卵管
1天
2天
3天
5天
早期囊胚
受精
6天
喇叭管
8天
着床
卵子
卵巢
晚期囊胚

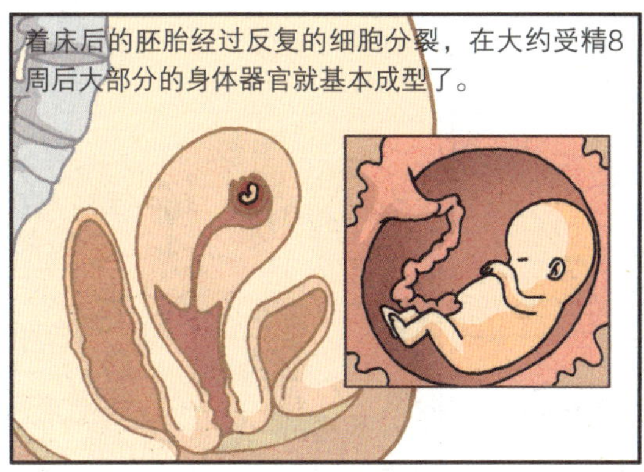
着床后的胚胎经过反复的细胞分裂，在大约受精8周后大部分的身体器官就基本成型了。

从这个时期开始就可以称之为**“胎儿”**。
哎呦，你看他的大眼睛。
这才长到几厘米啊……

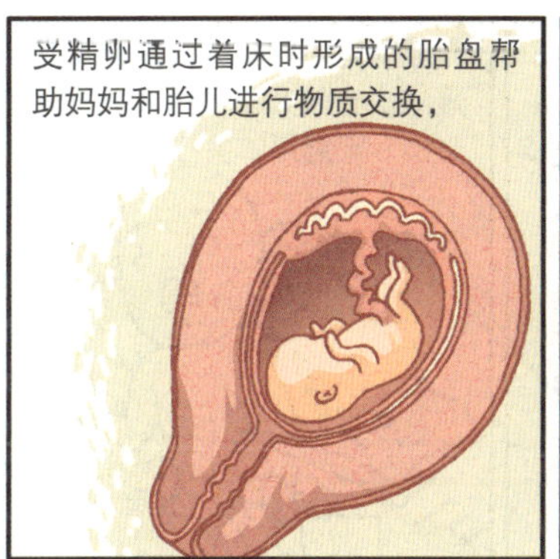
受精卵通过着床时形成的胎盘帮助妈妈和胎儿进行物质交换，

脐带是连接胎儿和胎盘的生命管道，它将胎盘接收到的氧气和营养物质传递给胎儿，

并将胎儿身体里产生的废物传递给胎盘。
这些废物移动至母体，再通过母体排出体外。

在胎盘进行物质交换的过程中，很容易将许多有害的化学物质带给胎儿，

例如香烟里尼古丁成分或者酒精

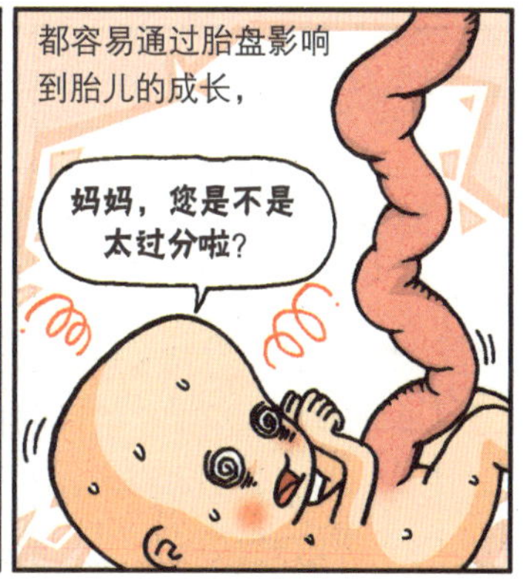
都容易通过胎盘影响到胎儿的成长，
妈妈，您是不是太过分啦？

还有可卡因等成瘾性药物会导致胎儿中毒。

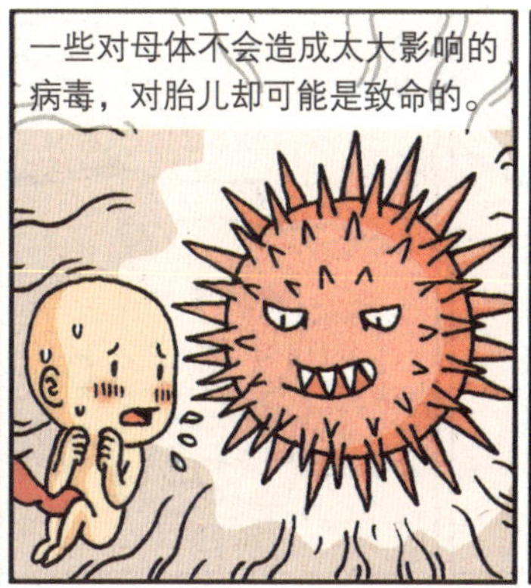
一些对母体不会造成太大影响的病毒，对胎儿却可能是致命的。

另外，要记住胎盘只能通过一些分子较小的物质，

像红细胞这种大分子的物质是无法通过的。

胎儿在子宫中被羊膜包裹着，羊膜里充满了羊水，
好舒服

可以保护胎儿不受外界的伤害与影响。
瞪
眼

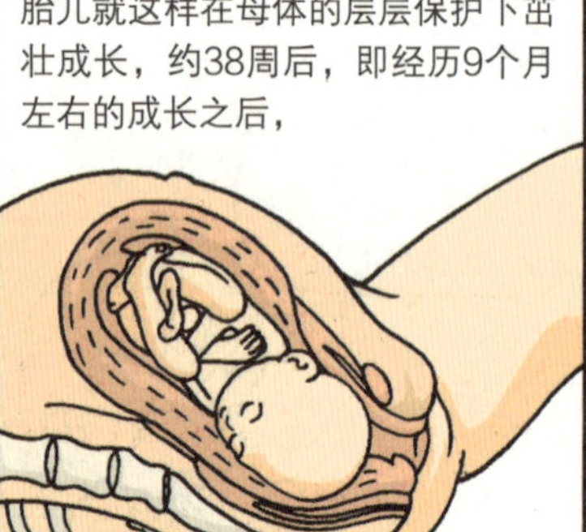
胎儿就这样在母体的层层保护下茁壮成长，约38周后，即经历9个月左右的成长之后，

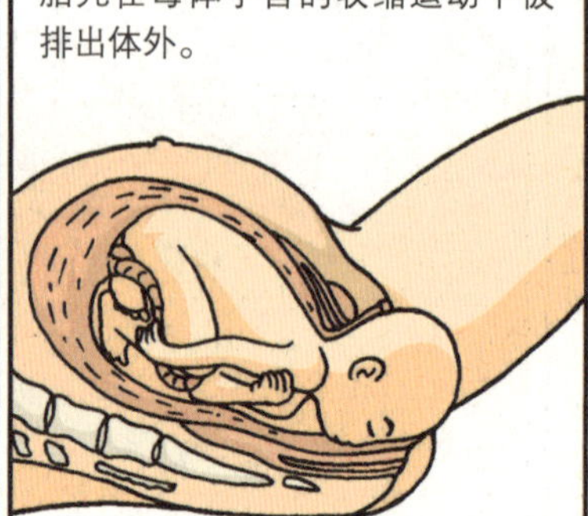
胎儿在母体子宫的收缩运动下被排出体外。

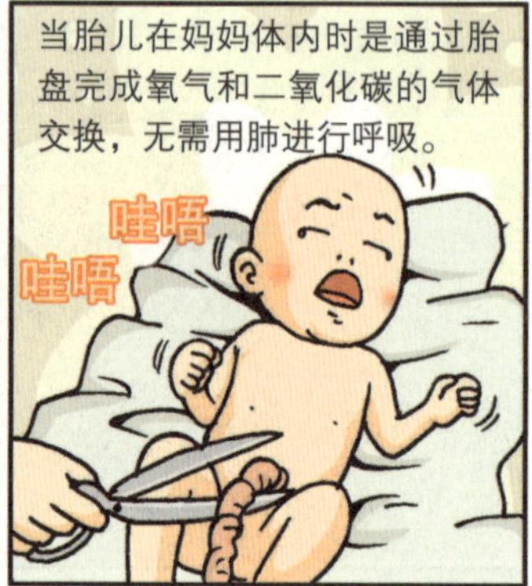
当胎儿在妈妈体内时是通过胎盘完成氧气和二氧化碳的气体交换，无需用肺进行呼吸。
哇唔
哇唔

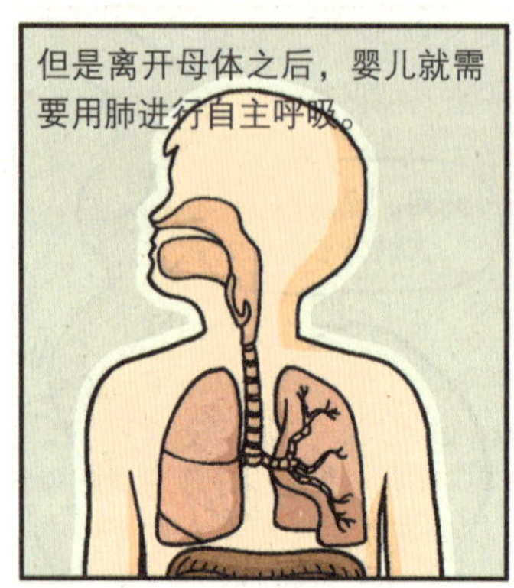
但是离开母体之后，婴儿就需要用肺进行自主呼吸。

于是婴儿通过啼哭来尝试自己去呼吸，
哇唔哇
哎呀，吵死了！

因此我们可以把婴儿的第一次啼哭看作是他们的第一次呼吸。
原来如此啊。

最后，我们再来了解一下女生从青春期开始出现的月经现象吧。

等一下，我又不是女孩子，学这种东西来做什么？
你说什么？

笨蛋，这是不分男女都应该知道的生理知识。
可……
可是……

首先大家都很清楚，并不是每次排卵都会使女生怀孕。
因为卵子必须和精子完成受精，并在子宫着床之后才能算是怀孕。

女性排卵之后为了迎接受精卵着床，子宫壁会变厚。

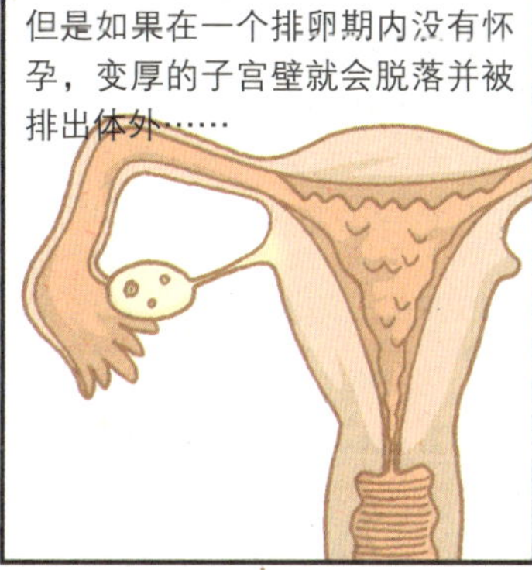
但是如果在一个排卵期内没有怀孕，变厚的子宫壁就会脱落并被排出体外……

阴道因此而出血，这就是所谓的月经……
你终于长大了。

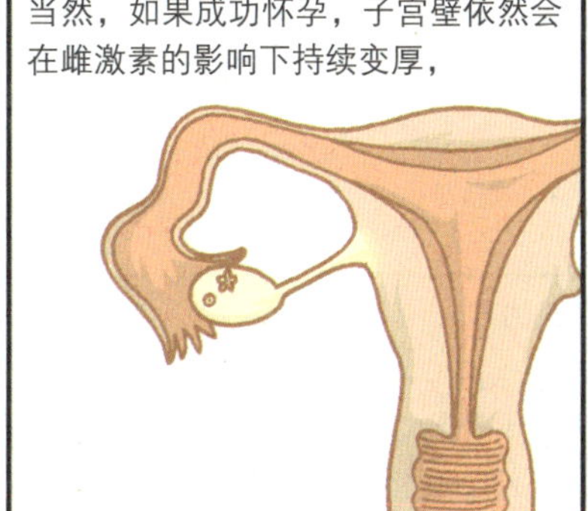
当然，如果成功怀孕，子宫壁依然会在雌激素的影响下持续变厚，

老公我好像怀孕了，这个月没有来月经。
而且不会再出现排卵现象，月经自然也就中止了。
万岁！
嘭
嘭

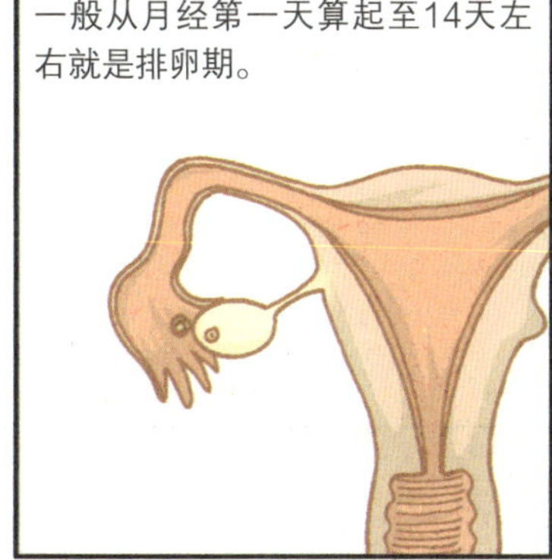
一般从月经第一天算起至14天左右就是排卵期。

月经初潮是女生拥有生育能力的信号，

表示女生的身体已经成为真正的成年人。

02 生殖和发育

· 无性生殖
· 有性生殖
· 人类的生殖器与发育

1) 无性生殖

<table>
<tr><td>无性生殖</td><td colspan="2">不需要进行生殖细胞结合的生殖方式。</td></tr>
<tr><td rowspan="4">种类</td><td>分裂生殖</td><td>细胞核与细胞质同时分裂，一个细胞分裂为两个细胞，即刻成为两个独立的生命体。
最简单最快速的繁殖方式。
变形虫、草履虫、硅藻、细菌等。</td></tr>
<tr><td>出芽生殖</td><td>母体的一部分向外凸起长成包块状，包块从母体上脱落形成新的个体。
与分裂生殖法不同，出芽生殖可以区分母体和芽体。
酵母、水螅、海葵、珊瑚等。</td></tr>
<tr><td>孢子生殖</td><td>在植物的一部分中长出孢子，孢子发芽后形成新的个体。
当空气、土壤、水等环境条件合适时，孢子即可发芽成长。
霉菌、蘑菇、蕨菜、海带等。</td></tr>
<tr><td>营养生殖</td><td>利用植物的营养器官（根、茎、叶）进行繁殖的方式。
有利于维持物种特性，开花和结果都非常迅速。
=>多用于园艺和农业工作。
既有分根、叶插、压条和嫁接等人工营养生殖的方式，也有利用地下茎、匍匐茎、鳞茎等进行的自然营养生殖的方式。</td></tr>
<tr><td>特征</td><td colspan="2">子孙的遗传因子结构与母体保持一致。
=>无法适应剧烈的环境变化，生活能力差。</td></tr>
</table>

2) 有性生殖

<table>
<tr><td>有性生殖</td><td colspan="2">制造生殖细胞，通过生殖细胞的结合进行繁殖的方式。</td></tr>
<tr><td rowspan="2">植物和动物的雌雄区分</td><td>植物</td><td>两性花——一朵花中既有雌蕊又有雄蕊。
单性花——一朵花中只有雌蕊或者只有雄蕊。雌雄异株（雌花和雄花生长在不同的植株上），雌雄同株（雌花和雄花生长在同一植株上）。</td></tr>
<tr><td>动物</td><td>雌雄异体——区分雌性和雄性的动物。
雌雄同体——同时具备雌性和雄性生殖器的动物。</td></tr>
<tr><td>特征</td><td colspan="2">能够培育出性质多样化的子孙后代。
=>有能力适应环境的变化，利于延续种族。</td></tr>
</table>

植物的受精和发育	生殖细胞的形成	在雄蕊的花药中形成花粉（生殖核、花粉管核）。 在子房的胚珠中形成1个卵细胞和2个极核。
	授粉	花粉落在雌蕊的柱头上的过程。 授粉方式：虫媒花（昆虫）、风媒花（风力）、水媒花（流水）、鸟媒花（鸟类）
	花粉管发育	花粉管向着胚珠的方向生长。生殖核分裂为两个精核，花粉管核变成花粉管，帮助精核到达胚珠后便会退化消失。
	受精	精核（n）+卵细胞（n）=胚（2n） 精核（n）+精核2个（n,n）=胚乳（3n） ⇒ 双受精 豆类植物、板栗、裸子植物（没有胚乳）不发生双受精现象。
动物的受精和发育	生殖细胞	精子：不进行营养物质的储存，个头很小，长有鞭毛，可以进行自由的运动。 卵子：储存较多的营养物质，个头比精子大，但是由于没有运动器官，因此不会移动。
	受精过程	分泌受精素→精子接近卵子→形成受精锥→精子进入卵子→形成受精膜→形成受精卵
	发育	受精卵经过反复的细胞分裂，形成个体的过程。
	卵裂	受精卵初期细胞分裂的过程。 发生体细胞分裂，但是细胞不会有进一步的成长。 ⇒ 受精卵不断发生细胞分裂，细胞数量增多，体积逐渐变小。
	发育过程	2细胞期→4细胞期→8细胞期→16细胞期……→桑椹期→囊胚期→原肠胚期→器官形成期→个体

3) 人类的生殖器与发育

<table>
<tr><td></td><td>男性</td><td>女性</td></tr>
<tr><td>生殖器</td><td colspan="2">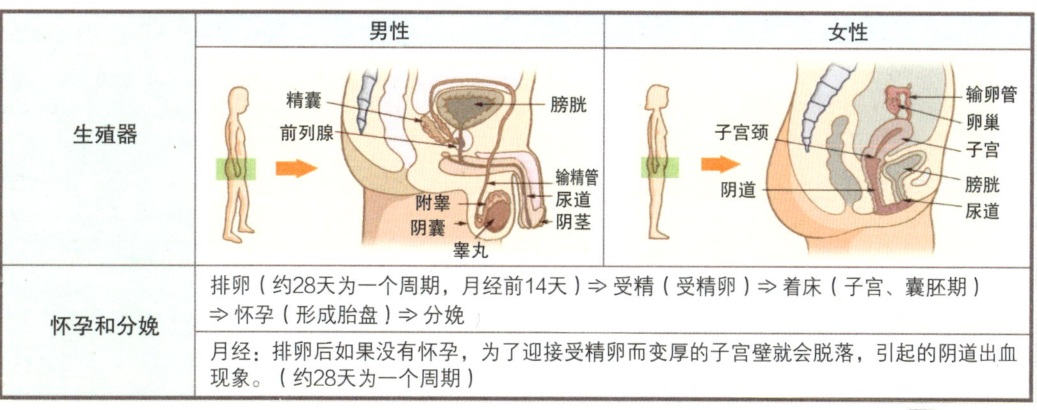
</td></tr>
<tr><td rowspan="2">怀孕和分娩</td><td colspan="2">排卵（约28天为一个周期，月经前14天）⇒ 受精（受精卵）⇒ 着床（子宫、囊胚期）⇒ 怀孕（形成胎盘）⇒ 分娩</td></tr>
<tr><td colspan="2">月经：排卵后如果没有怀孕，为了迎接受精卵而变厚的子宫壁就会脱落，引起的阴道出血现象。（约28天为一个周期）</td></tr>
</table>

图书在版编目（CIP）数据

我是生物王 ：全4册 / 韩国善友教育出版社编辑部著绘 ；洪梅译. --北京 ：北京联合出版公司，2013.12（2018.1重印）
（我是学习王）
ISBN 978-7-5502-2585-5

Ⅰ. ①我… Ⅱ. ①韩… ②洪… Ⅲ. ①生物课－中学－教学参考资料 Ⅳ. ①G634.913

中国版本图书馆CIP数据核字(2014)第006183号

著作权合同登记 图字：01-2014-0994号

我是学习王

我是生物王③

〔韩〕善友教育出版社编辑部 / 著绘　　洪梅 / 译

丛书总策划/黄利　监制/万夏
责任编辑/张萌
编辑策划/设计制作/**奇迹童书**　www.qijibooks.com

北京联合出版公司出版
（北京市西城区德外大街83号楼9层　100088）
北京瑞禾彩色印刷有限公司印刷　新华书店经销
117千字　787毫米×1092毫米　1/16　22.25印张
2014年3月第1版　2018年1月第4次印刷
ISBN 978-7-5502-2585-5
定价：79.6元（全4册）